刘余莉 主编

法不阿贵 绳不挠曲

中国制度中的法治观念

黄少雄 编著

CIPG | China Foreign Languages Publishing Administration
中国外文出版发行事业局

外文出版社
FOREIGN LANGUAGES PRESS

出版前言

中国作为世界上唯一一个和平崛起的大国，用几十年的时间完成了发达国家几百年走过的工业化历程。中华民族迎来了从站起来、富起来到强起来的飞跃，创造了“中国奇迹”。新中国从建立时的一贫如洗，经过短短几十年的努力，一跃成为世界第二大经济体，引发了世界惊叹。

英国学者马丁·雅克在其著作《当中国统治世界》一书中敏锐地指出：“认为中国对世界的影响主要体现在经济方面，实在有些过时。中国的政治和文化可能也会产生无比深远的影响。”如今，随着中国日益走向世界舞台的中央，“中国之治”与“中国精神”“中国智慧”“中国方案”等也越来越得到国际社会的关注。而中国的成功，归根结底是中国制度和中国治理模式的成功，所以世界各国越来越多的学者开始探究中国治理的特质和优势。在中国制度形成的过程中，有很多因素都发挥了作用，其中最根本的，也是最重要的，当属中国几千年的文化传承。因此，要读懂中国制度，离不开对中华优秀传统文化的深入理解和正确认识。

任何一个国家的制度和治理体系皆非凭空出现，一定有其历史文化的渊源。习近平总书记在十九届四中全会的重要讲话中强调：中国特色社会主义制度和国家治理体系具有深厚的历史底蕴。在几千年的历史演进中，中华民族创造了灿烂的古代文明，形成了关于国家制度和国家治理的丰富思想，包括大道之行、天下为公的大同理想，六合同风、四海一家的大一统传统，德主刑辅、以德化人的德治主张，民贵君轻、政在养民的民本思想，等贵贱均贫富、损有余补不足的平等观念，法不阿贵、绳不挠曲的正义追求，孝悌忠信、礼义廉耻的道德操守，任人唯贤、选贤与能的用人标准，周虽旧邦、其命维新的改革精神，亲仁善邻、协和万邦的外交之道，以和为贵、好战必亡的和平理念，等等。中国选择中国特色社会主义制度，是由中国5000年的历史文化决定的。

这套"读懂中国制度"丛书，以习近平总书记在讲话中概括的11个方面为分册标题，以中国正史中记载的治国理政故事为基础，与当代中国治国理政的实践相结合进行阐述，在追溯古代中国治理经验和智慧的同时，呈现今天中国特色社会主义制度对中华优秀传统文化的一脉相承以及创新性发展，从而使读者清晰地看到中国特色社会主义制度的历史传承及其独特的民族性。

中国传统文化之所以优秀，是因为它是"志于道"的文化，追寻的是宇宙人生的大道。而老子指出，求道的方法与求学不同："为学日益，为道日损，损之又损，以至于无为，无为而无不为。”古圣先贤正是通过无为、无知的方式达到了无不为、无所不知。这与西方人求知识的方法已然不同。在求知的过程中，即使知识再丰富，但只要有知，就会有所不知，就不可能达到“全知”的境界。而圣人无知的境界，就如镜子一样，上面干干净净，本身没有任何图像，但是镜子的作用却能达到“无所不知”，可以“寂而常照，照而恒寂”。中国古人认为“人皆可以为尧舜”，即任何人通过学道都可以成圣成贤（“全知”）。但是在西方文化中，“全知”的上帝只有一个。因此，用西方求知识的方法理解中国古圣先贤的智慧，在方法论上就已存在相当的困难。

方法论的不同也导致了世界观和认识论上的分歧。

西方人的世界观和认识论以“二元对立”为主要特征：主观与客观、主体与客体、自我与他人、人与自然界等等。这种二元对立的思维方式渗透到方方面面，于是父子、夫妇、老板与员工，乃至兄弟、朋友、企业、国家之间都成为彼此对立的关系。所谓的竞争、博弈论、修昔底德陷阱等概念和理论，都是在这种二元对立的思维中产生的。用这种“二元对立”的思维方式和眼光来审视中国传统文化中的父慈子孝、夫义妇德、君仁臣忠、兄友弟恭、诚信合作、互利双赢、协和万邦、天人合一等理念，不可避免会导致误读与误判。

而中国古人很早就形成了“以天地万物为一体”的世界观，在这种“一体之仁”的观念之下，父与子、夫与妇，乃至兄弟、朋友、君臣、国家之间都是和谐一体的关系，因而一荣俱荣，一损俱损。在这种整体的思维方式下，中国虽然经历了漫长的历史发展过程，但是仍然保持了人与人、人与自然、人与社会，乃至国与国之间的和谐相处，从而使得中华文明作为世界历史上唯一一个没有中断的文明得以延续。究其原因，在于中国人在绝大多数的历史阶段中都尊重了古圣先贤“志于道”的发展方向，遵循了“天人合一”的世界观，采取了“一体之仁”的整体思维方式，坚持了“民胞物与”的道德观念。这种世界观、思维方式、道德观念渗透在国家治理和社会制度的方方面面。这套丛书正是从不同的视角解读独具中国特色的文化传统如何具体体现在政治、经济、文化、教育、法律、外交等制度设计与政策制定之中，从而为世界更好地了解中国搭建起一座桥梁。

当然，读懂中国制度，无论是对于具有西方文化背景的外国人，还是对于中国人本身，都不是一件容易之事。但这又是一件必须要做的事，因为它对于促进中国社会和谐，以及国与国之间的和平共处，具有重大意义。

“读懂中国制度”丛书也是坚持用中国话语讲好中国故事的一次尝试和努力。相信这套书的出版对于广大读者理解中国特色社会主义制度和国家治理体系的深厚历史底蕴，坚定中国特色社会主义道路自信、理论自信、制度自信、文化自信，以及对于促进中西方的文化交流互鉴，提升中华文化的国际影响力，都将产生积极而深远的影响。

总 序

进入21世纪以来，人类的整个面貌发生了巨大变化，世界的格局也出现了微妙变动。西方社会对于中国将要走向何方，以及选择什么样的方式走下去，表达了较之以往更为浓厚的兴趣。尽管这种兴趣里面仍然裹挟着一些质疑，但面对中国共产党领导下的中国特色社会主义伟大实践所取得的历史性成就，西方社会也不得不开始认真思考中国成功背后的答案到底是什么。

与西方社会表现出的困惑不同，这个问题的答案对于中国人而言是不言自明的，那就是中国共产党领导下的中国特色社会主义制度，是符合中国国情的根本制度，是能够确保我们顺利实现“两个一百年”奋斗目标，开启全面建设社会主义现代化国家新征程，进而实现中华民族伟大复兴的坚强保障。读懂中国，最根本的就是要读懂中国制度，读懂蕴藏在中国制度之中的文化基因和精神气质。正如习近平总书记多次强调的，中国特色社会主义制度是马克思主义为指导、植根中国大地、具有深厚中华文化根基、深得人民拥护的制度，是马克思主义同中国传承了几千年的优秀历史文化和广大人民日用而不觉的价值观念融通结合的产物。读懂中国制度及其蕴藏的精神气质，不仅要立足于当下的伟大实践，也要深入传承至今的中华优秀传统文化，领略其生生不息而日新又新的古老智慧。

习近平总书记在《坚持和完善中国特色社会主义制度、推进国家治理体系和治理能力现代化》的重要文章中，把中国制度所具有的深厚的历史底蕴从11个大的方面做了提纲挈领式的概括，集中涵盖了古人关于国家制度和国家治理的丰富思想，内容包括德治主张、民本思想、平等观念、用人标准、改革精神、外交之道等，为人们准确把握中国制度的精神气质指明了方向，彰显了中国制度的巨大优势和独特魅力所在，传达着坚定的文化自信和制度自信。

这套“读懂中国制度”丛书正是以习近平总书记的讲话精神为指导，深入到中华优秀传统文化的脉络之中，通过选取历史上与国家制度和治理有关的人和事并予以要言不烦的解读，力图把古人治国理政的智慧和经验清晰地呈现在人们面前，希望人们在不忘本来、以史为鉴的同时又能古为今用，助力当下正在推进的波澜壮阔的治国理政实践。由此可见，这套丛书的编撰有着鲜明的问题意识和现实关怀，虽然所选用的材料取自历史，但辨析的角度却是着眼当下，因此能给人以特别的启发。这套丛书很好地阐释了中国制度背后的悠久历史文化底蕴，有助于理解中国特色社会主义制度和中华优秀传统文化之间的历史继承性和时代创新性。

中国制度好不好、优越不优越，早已是无须争辩的议题，因为历史已经做了最好的回答。但是，中国制度好在哪里，优越在哪里，如何才能把中国制度的显著优势恰如其分地讲出来，而且讲得有理有据、深入人心，不得不说还需要下一番功夫。尤其是对中华优秀传统文化的解读和阐释，更是要别具慧眼。习近平总书记早就指出，中华优秀传统文化是中华民族的精神命脉，对于中国特色社会主义建设具有重大意义，是治国理政的重要思想资源，能够为治国理政提供经验借鉴和智慧启示。中华民族之所以是中华民族，就是因为中华优秀传统文化赋予的精神气质。对于中国制度而言，道理也是如此。读懂中国制度，最根本的也就必然是读懂涵养了中国制度之精神气质的中华优秀传统文化的根本精神。

中华优秀传统文化是一种关于“道”的整全认识，天地之间的万事万物都要遵循“道”，以“道”为最高的原则和规范而不能违逆，只要是背道而驰的，都必然会遭到相应的惩罚，就像《中庸》中所说：“道也者，不可须臾离也，可离非道也。”这就决定了中国古人无论是在处理与家国社会之间的关系，还是在处理与天地自然之间的关系时，都崇尚效法于“道”，按照“道”的要求通达宇宙人生的真理，成就利国利民的事业。正是在这个意义上，中国古人形成了关于“治国之道”的庞大而又严谨的思想体系，其中既涉及为君之道、为臣之道等关乎人的一面，也有为政之道等关乎制度的一面。

具体而言，治国之道关乎人的一面表现在诸如以民为本、民贵君轻、亲仁善邻等，为政之道的一面则表现在诸如德主刑辅、选贤与能、以和为贵等。一言以蔽之，就是要以道治国。中国特色社会主义制度的精神与此一脉相承，全面地体现了古人治国之道的精髓。习近平总书记指出："始终代表最广大人民根本利益，保证人民当家做主，体现人民共同意志，维护人民合法权益，是我国国家制度和国家治理体系的本质属性，也是我国国家制度和国家治理体系有效运行、充满活力的根本所在。"这既是对中华优秀传统文化的最好继承和发展，也是中国制度所蕴藏的精神气质的最佳体现。

古人讲，仁者见之谓之仁，知者见之谓之知。读懂中国制度及其精神气质可以而且应该有不同角度的阐释，对此问题的追问当然不能局限在得到一个答案。坚持、完善和发展中国特色社会主义制度是一个动态的过程，因而也就必须以一种与时偕行的眼光来看待。希望"读懂中国制度"丛书的出版，为人们提供一个独特的视角去整体地审视中国制度的宏大问题。这不仅值得去深思，也值得进一步推进。

刘余莉

2021 年 6 月

目录

导 语

在中国这样一个有着数千年文明史的文化古国，如何治理国家，实现长久的和谐稳定是历代执政者穷尽一生思索的问题。古希腊哲学家认为自然中存在某种正义的秩序，这种秩序维持着自然的和谐运转，于是他们在人类社会设置法律以效仿自然界的正义秩序。中国古人同样在自然中寻找治理国家的思想源泉，他们观察到自然界的雷电现象迅猛分明，蕴含一股强大的威慑能量，在黑暗中能够照亮一切隐微之处。中国古人就在对雷电现象的哲理思考中领悟出刑罚的道理。在他们看来，法律就像雷电一样是一种威慑力，它以公正无私的本质属性照亮人世间，通过适当的惩罚力量警示一切奸邪行为，使百姓不敢为非作歹。当然，如同雷电震照万物、无所遗漏一般，在法律面前也应当没有高低贵贱之分，普通老百姓遵守的法律规范，同样也应当适用于权力阶层。战国时期法家思想集大成者韩非有句名言“法不阿贵，绳不挠曲”，说的就是这个道理。“绳”是中国传统木匠用来打直线的墨线，如果墨线没有拉直，木匠活也就无法正常进行。同样法律作为国家的规范性力量，也要时刻保持公正，不能偏袒权贵，否则法律将形同虚设。

追求法律公正是历代中国人的美好愿景，两千多年以来，中国古人在不断总结历史教训，不断汲取前人智慧的基础上，绘制出了适合这片土地的法治建设蓝图。维护法律公正的前提是有法可依，春秋时期郑国国相子产铸刑鼎这一事件可以说是中国法治史的历史节点。在子产以前，中国古代主要依靠礼制治理社会，法治的概念相对模糊。子产将法律作为国家治理的主要手段之一，意味着法治从此登上了中国的历史舞台。继子产之后，中国古代历朝在建立之初颁布成文法成为一项重要举措，法律的公正、完备、细致、严明到唐朝《唐律疏议》达到中国古代法典的高峰，成为彼时各国争先效仿的法制蓝本。

与公开立法相匹配的是中国历代规范，及细致的学法、普法制度。官吏作为法治工作的主要承担者，最有学法、守法的必要。由秦汉至唐宋，中国历代政府要求各级官员学习法律，将是否明晓法律作为衡量官吏能力的标准之一，同时将法律知识纳入科举考试范围，为精研法律的学生提供了入仕途径。中国的政治是负责任的政治，中国的法治是负责任的法治。假如百姓不知道法律的具体规定，也就无从规范行为避免犯罪，这在中国古人看来等同于苛虐百姓，因此普法是开展法治工作的头等大事。明清时期，全民普法达到高潮，政府将通俗性法律读物送至千家万户，并配合图画、表格、歌诀、普法小说等多种形式，将法律观念深植民间。

法治亦需人来治，法治英雄人物是中国法治精神活生生的体现。战国时期秦国国相商鞅是推进中国古代法治改革的先驱人物，他判罚触犯法律的太子，使法律公正得以彰显，帮助秦国走上法治轨道，进而使秦国成为当时最强大的国家。唐朝时不仅有《唐律疏议》这样的法典瑰宝，也有如戴胄、魏徵这样勇担法治大任的贤臣，二者的结合让唐朝在中国法治史上留下浓墨重彩的一笔。宋朝包拯是中国古代最著名的法治人物，他公正廉明，爱护百姓，关于他的英雄故事在戏剧、影视、小说中流传千年，成为中国人寄托法治公正理念的记忆符号。

德国哲学家黑格尔在《法哲学原理》中，从个人的特殊意志和普遍意志的矛盾这一角度论证了不法现象发生的哲学根源，奠定了西方法哲学的基础。中国古人也有自己独特的法哲学，他们认为不法、曲法现象起于人的私心。

私心一方面表现为对物质享受的贪求，历史教训告诉我们，小贪可以灭身，大贪足以亡国。商朝的亡国之君纣王原本是一个才智过人的君主，但因为不能抑制贪欲，耽于享乐，随意践踏公理常法，最终一步步走入深渊。私心另一方面表现为对亲人朋友的“法外开恩”，纵容私情。唐玄宗在位早期励精图治，使唐朝国力达到巅峰，但后期因宠爱杨贵妃，不理政务，对杨氏家族悖法专权的事实视而不见，使大唐盛世逐步走向衰落。因此，从根源上解决权贵违法乱纪现象的办法就是去私。《管子·明法解》中有个形象的比喻，人们不去阿谀奉承秤砣和秤杆，是因为称只能称量物品的重量，而不能增加或减少所称的物品。同样，人们不去讨好奉法无私的官吏，这是因为他们知道正直的官吏依法行事，没有私心，即便讨好他也没有益处。只要官吏能摒弃自己的私心，一心按法律办事，行贿受贿、徇私舞弊的事情自然也就减少了。

法律公正对上体现为“不阿权贵”，对下就体现为“慎法”。“慎法”是中国最主流的法治思想，是中国法治史上最宝贵的精华。刑罚不是“亲者痛，仇者快”的报复性手段，设立刑罚的目的是以警示的方式，使百姓端正自身行为，远离违法犯罪。因此刑罚要掌握一定的度，千万不要错把惩罚当作目的，甚至制定严酷的刑罚苛虐百姓。中国第一个大一统王朝——秦朝因滥用重法而导致亡国的历史教训足以让后人引以为鉴。

当然“慎法”不等于一味减轻法律，而是务求公平、体恤百姓，使冤屈能够伸张。中国历代执法官积累了科学、周密的审案方法，以避免决狱判刑中不公正现象的发生。为确保慎法观念的落实，中国历代制定了完善的慎法制度。早在西周时期就有宽免老幼病残等特殊群体的三宥三赦之法。《唐律疏议》制定了允许罪犯先在家照顾病人或老人，尽到家庭责任后再受刑的“存留养亲”制度。罪犯即便触犯法律，但他仍有做人的基本权利和尊严。晋朝《狱官令》、明朝《大明令》等历代法典均对照料囚犯的生活起居做了详细规定。死刑直接剥夺罪犯生命，自然是慎法的重中之重。中国古代长期施行死刑复核制度，全国各地的死刑案件都要上报皇帝进行反复审核才能批准。这些慎法制度体现了古老中国的人权观，展现了中国的人道主义关怀。

在中国古代，提到法治就绕不开德治，中国传统治理观念认为德治是和法治相辅相成的治国手段。法律通过惩治罪恶以禁止后来者效仿；道德教育通过培养善良品性来补益不足。道德教育的作用如同堤坝，在百姓心灵中竖起第一道防线，使人自我约束而不去为非作歹。假如不进行道德教育而只任用刑罚，就好比放弃堤坝还妄求能治理洪水一样，即便以十倍百倍的精力应对，最终也只会徒劳无功。德法相辅是中国在维护百姓权益、安稳民众生活的执政历史经验中总结出来的治国要道，是保障社会公正的最优策略。

“法不阿贵，绳不挠曲”虽然只有八个字，却体现了中国人对法治公正的美好期许和维护法律公正的坚决勇气。正如中国文明延续千年不断，中国的法治思想也在千年的历史长河中，经过历朝历代的不断检验而历久弥新。千百年来中国人总结出了宝贵的法治经验：通过公开立法、全民普法来维护法律权威；通过去私存公来培养廉正官吏；通过谨慎行法来保障民众权益，维护社会公正；通过德法相辅，改善民众道德水平，使民众远离刑罚。当代中国的法治精神就是建立在这样一座法治历史宝库中形成的，在中国全面推动依法治国的今天，中国法治理念中处处体现了对中国古代法治思想的继承和发扬。千千万万的法务工作者，恪守“以民为本，立法为民”的理念，秉持“严格执法，公正司法”的精神，以法治维护人民群众的合法权益，以法治塑造社会情态的公正有序，以法治诉求善治，以法治谋求富强。可以说当代中国法治建设生长在千年法治经验的“沃土”之上，扎根生长，汲取养分，并在这片沃土中孕育出新时代的花果来！

第一章

明确立法，有法可依

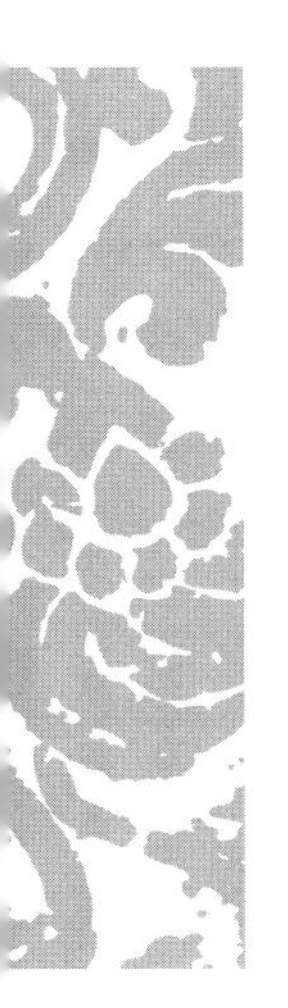

一个民族的历史流延千载，塑造了一个民族的文明品行。一个时代的思潮腾涌铸就一个时代的精神符号，融入后世万代的文化血脉。2500多年前的子产铸刑鼎事件肇始着中国古代法治史的开端，将法治观念刻入中华民族的文明基因，开启了千百年中华法治文化的辉煌历史长河。历史的必然潮流中涌动着一件件偶然，某种程度而言，没有子产铸刑鼎也就没有中国历代积极探索法治道路的历史根源，也就没有大唐盛世孕育《唐律疏议》这一法典瑰宝的文化土壤，也不会有明清时全民普法的法治盛况。当代中国人正是在历史的偶然中品味历史的必然，在文化传统中绘制全面推进依法治国的宏伟蓝图。

郑铸刑鼎，法治肇始

历史记载

春秋之时，王道[①]浸坏，教化不行，子产相郑而铸刑书。晋叔向非之曰：“昔先王议事以制[②]，不为刑辟，惧民之有争心也……民知有辟[③]，则不忌于上，并有争心，以征[④]于书，而侥幸以成之，弗可为矣。夏有乱政而作禹刑，商有乱政而作汤刑，周有乱政而作九刑。三辟之兴，皆叔世[⑤]也。今吾子相郑国，制参辟，铸刑书，将以靖[⑥]民，不亦难乎……民知争端矣，将弃礼而征于书。锥刀之末，将尽争之，乱狱滋丰，货赂并行。终子之世，郑其败虖[⑦]！”子产报曰：“若吾子之言，侨不材，不能及子

①王道：以仁义治天下的政治主张。
②议事以制：临事议论轻重以定罪。
③辟：法律。
④征：验证。
⑤叔世：末世。
⑥靖：治理。
⑦虖：“乎”异体字。音hū。

孙，吾以救世也。”

——《汉书·刑法志》

郑子产有疾，谓子大叔曰：“我死，子必为政。唯有德者能以宽服民，其次莫如猛。夫火烈，民望而畏之，故鲜死焉。水懦弱，民狎而翫[①]之，则多死焉，故宽难。”疾数月而卒。

——《左传·昭公二十年》

作为生活在现代社会的居民，遇到纠纷时第一时间寻求法律的帮助，这是非常自然的事。但在2500年以前的古老中国，人们主要通过礼制来解决生活中的各种问题，法律在当时只起到辅助的作用。在良好的礼治社会，老百姓自觉遵守道德规范，人人守礼仪、讲道德，不愿意为非作歹，整个社会在道德的浸润下和谐而有序。在漫长的历史岁月中，古老中国形成了崇尚礼治的道德文化氛围，以礼治国取得的成效让这一施政方略成为共识。

---

①翫：“玩”异体字。

子产

子产，姬姓，公孙氏，名侨，字子产，又称公孙侨，春秋时期郑国国相。执政期间公布成文法，推出田制改革，富国安民，选贤任能，开放言路，允许普通民众议论朝政。为人务实，不崇尚迷信，对外不畏强国，与列国周旋有理有节。孔子称赞其为“古之遗爱”。

叔向

叔向，姬姓，羊舌氏，名肸，字叔向，春秋时期晋国大夫。叔向博学多才，善于言辞，其为人正直，不包庇亲友，崇尚礼制，坚守道义。孔子称赞其为“古之遗直”。

然而在公元前536年，春秋时期郑国的国相子产做了一件有违 “常识”的事，他破天荒地把郑国的法律铸在了鼎上，要求老百姓学法、用法，按照法律的规定行事。“鼎”是象征国家权力的器物，只有遇到重大事件时才会用铸鼎的方式昭示全国。子产这一举动无疑把法律的地位抬升到史无前例的高度，说明子产要带领郑国走一条不同寻常的法治之路。如此“离经叛道”的行为迅速引爆舆论，子产当即受到了各诸侯国学者和权贵的猛烈批评。著名礼学家晋国大夫叔

向认为，古圣先王之所以不提倡以法治国，是因为“礼”和“法”所倡导的内容是截然相反的。“礼”倡导敬让，遇事以和为贵；“法”导致争执，百姓会依照法律条文互相苛责。一争一让，会在社会中形成截然不同的两种风气。同时，法律规定不可能面面俱到，合法的事不见得合乎道德，重视法制轻视礼制，就等于告诉百姓法不禁止皆可为，只要合法，即便违背了道德准则，百姓也敢去做。叔向据此毫不留情地批判子产说：“你公布法律是为了止恶，这样看来非但不能止恶，反而助长了罪恶之源，郑国的败亡恐怕不远了。”叔向的观点代表了当时人们对法治的普遍看法，面对这样一位社会名流的指责，子产没有进行任何辩驳，只回复了一句：“我确实没有什么才能，不能考虑子孙后代那么长远的事，我所做的只是为了挽救当世。”

时隔千年我们仍能听出子产的无奈。举世反对时，更需要具备冷静的头脑、勇于改革的坚强决心。子产是冷静的，他的冷静源于对当时社会环境的清晰认识。因为以礼治国的一个关键前提在于，倡导礼制的权贵阶层首先应是遵守礼制的，他们要成为百姓遵守礼制的榜样，这样才能起到上行下效的效果。但子产所处时期是一个“礼崩乐坏”的时代，这个时候的王公贵族多不愿接受礼制的束缚，他们公然违反礼制，贪图非分的享受，臣子叛乱、诸公子争权等僭越礼制的事时有发生。如此，怎么能指望这些权贵能以礼引领百姓呢？此时礼制的统摄力已经受到了极大的破坏。要想在这个时候恢复礼治传统，需要长时间的浸润，因为道德自觉的培养是一个漫长的过程。但当时的郑国不仅权贵之间相互争斗，更有晋、楚等大国在外虎视眈眈。国内外局势不允许郑国依靠起效缓慢的礼治，要想富国安民，就必须依靠效果立竿见影的法治！

认清局势的子产是坚定的，他果断推出一系列法治改革：收回贵族们额外占有的土地，并将全国土地重新丈量划分，根据土地所有量和财物数量征收税款。这一举动触及诸多人的利益，引来猛烈抨击，当时民间就流传一首批判子产的歌谣，“算我家产收我税，谁杀子产我相随。”但子产毫不理会反对的声音，坚定地继续推行法治改革。此外，他还推广教育，选用贤才，调节农业生产结构，将田地统一管理，以制度规范社会运行，使无序的生活变得有序。两年之后，社会面貌焕然一新，举国上下焕发勃勃生机。老百姓尝到了改革的甜头，于是又做了一首歌谣夸赞子产，“我有子弟，子产教育，我有田地，子产管理。

子产爱民，谁人能比？”

子产的施政理念可以用“以猛济宽”四个字来概括。在他看来，礼制教化宽和，是德治的体现；法令规则猛烈，是法治的主要手段。德治的宽和就像水，水容易接近，看起来无害，但因轻慢它而淹死的人不在少数；法治的猛烈就像火，火让人畏惧，看起来有害，但百姓不敢轻慢反而被烧死的少。当时郑国政治的问题就是过于宽和，全国上下怠惰散漫，死气沉沉。子产弘扬法治的举措，就好比点燃了一把火，让整个国家活跃了起来。

事实上子产不仅点燃了郑国的一把火，也点燃了中国法治史上的第一把火，引起一系列连锁反应。郑国铸刑鼎仅23年后，邻国晋国看到子产推行法治的成效，有心效仿，于是将法学家范宣子制定的法律公布于众，这是晋国历史上首次公布成文法。数十年后，魏国国相李悝修订了中国第一部系统完备的成文法典《法经》，并以此为蓝本在魏国推行变法，使魏国一举成为战国初期的强国。又数十年后，秦国国相商鞅也在秦国推行变法，主张以法治国，使秦国迅速崛起，为将来统一六国奠定了坚实基础。

星星之火可以燎原，法治之火愈烧愈烈，改变了中国今后2500多年的政治局面。千百年来，中国历朝历代在建立之初即公布法典成为惯例。法律成为上自君主下至平民的行为准绳，王公贵族畏惧法律而不敢为非作歹，普通民众亦知道以法律捍卫自身权益。在2500多年后的今天，我们更有必要铭记子产铸刑鼎这一历史时刻，因为从某种程度来说，如果没有子产这样的法治先驱的勇敢探索，后来也就不会产生许许多多勇于维护法律权威，以法治崇尚公平正义的英雄人物、英雄故事，也就不会有中国提出“依法治国”的历史渊源和美好前景。

在今天的中国，用法律来治理国家早已不是什么有违常识的事，相反，以法律保障社会和谐安稳地发展已成为所有中国人的共识。现如今，中国共产党提出“全面推进依法治国”，要从“法律体系”向“法治体系”迈进，用法制规定监督政府行使权力，用法治意识来提高政府的执政能力，中国政府将在法治规范下，以更加公开透明，更加公正有序的形象屹立世界之林。法律在中国的历史地位更是达到了空前的高度。

盛世大唐，法典瑰宝

历史记载

及太宗即位，又命长孙无忌、房玄龄与学士法官，更加厘改[①]。戴胄、魏徵又言旧律令重，于是议绞刑之属五十条，免死罪，断其右趾。应死者多蒙全活。太宗寻又愍[②]其受刑之苦，谓侍臣曰："前代不行肉刑久矣，今忽断人右趾，意甚不忍……本以为宽，故行之。然每闻恻怆，不能忘怀"……乃与八座定议奏闻，于是又除断趾法，改为加役流三千里，居作二年。

高宗即位，遵贞观故事，务在恤刑。尝问大理卿唐临在狱系囚之数，临对曰："见囚五十余人，惟二人合死。"帝以囚数全少，怡然形于颜色。永徽初，敕太尉长孙无忌、司空李勣[③]……共撰定律令格式。旧制不便者，皆随删改……三年，诏曰："律学未有定疏，每年所举明

①厘改：改革，修改。
②愍：同"悯"。
③勣："绩"异体字。

法，遂无凭准。宜广召解律人条[1]义疏[2]奏闻”……参撰《律疏》，成三十卷，四年十月奏之，颁于天下。自是断狱者皆引疏分析之。

——《旧唐书·刑法志》

自从子产将法治推上中国历史舞台，其后历朝历代均在不同程度上将法治作为治国理政的重要措施，相继推出了各自的成文法，若论其中体系最完备，影响最深远的法典当属唐朝制定的《唐律疏议》。

唐朝是在战火中建立起来的国家，在统一全国政权之初，唐朝曾沿用前朝隋代旧律作为过渡，到唐太宗即位时，社会秩序逐步走向正规，太宗意识到应为新生王朝制定一部适用当代的法典，于是下令编纂一部不同以往的新律法。这部律法历时十年才编成，命名为《贞观律》。隋朝末年刑罚繁重，苛捐杂税颇多，百姓苦不堪言，纷纷起兵反抗。唐朝君臣作为起兵抗隋的一分子，深知前朝重刑虐民的危害，于是吸取教训，在前朝重刑的基础上尽量减

①条：分条，即一一分条解释。

②义疏：古书的注释体制。

唐太宗李世民

唐太宗李世民（公元598年—公元649年），唐朝第2位皇帝，在位23年，年号贞观。年少时善于用兵，为唐朝的建立立下赫赫战功。即位后重用长孙无忌、房玄龄、杜如晦、魏徵等贤臣，虚心纳谏，爱护百姓。同时和睦北方各民族，被尊为“天可汗”，开创史称“贞观之治”的著名盛世。

轻刑罚，采用量刑适当的原则。因此《贞观律》最主要的特点就是“慎刑”。《贞观律》大大减少了旧律中重刑的数量，比如旧律当中只绞刑便有五十条，唐朝著名贤臣魏徵等人认为刑罚过重，将绞刑改为斩断右趾，这样许多原本应施绞刑的犯人得以获生。即便如此，太宗仍觉过重，于是对大臣们说：“前朝早已不实施肉刑了，现在当朝还施用斩趾刑罚，未免残忍。我每次想到犯人要受这样的痛苦，都难以忘怀，辗转难安。”于是又命将斩趾改为“加役流”[①]。唐朝君臣宽爱慎刑由此可见一斑。

唐律在宽免的同时，也不失对法治公平的追求。唐

①加役流，指将犯人流放到配所后再服劳役的刑罚，属于针对某些死刑的减刑。

魏徵

魏徵（公元580年—公元643年），字玄成，唐初宰相之一，以敢于犯颜直谏著称。曾参与编纂《群书治要》《隋书》等典籍。魏徵去世后太宗大为悲痛，说道："以铜为镜，可以正衣冠；以古为镜，可以知兴替；以人为镜，可以明得失。现在魏徵去世了，我失去了其中一面镜子。"

《贞观律》

《贞观律》以"宽简""平允""画一"为原则，定律五百条，分为十二卷。确立了五刑、十恶、八议、请、减、赎、当、免、类推、死刑复奏等制度，这些制度终唐一世都在沿用。

房玄龄

房玄龄（公元579年—公元648年），名乔，字玄龄（一说名玄龄，字乔），唐初宰相之一。为人不居功，不嫉妒，善举贤才，恪尽职守，处事公允，被后世尊为贤相。

太宗曾对奉旨修订《贞观律》的房玄龄等人说："蜀汉的丞相诸葛亮真是让人佩服啊，他为政公平正直，处事依法而不徇私情，如果有功，即便是仇人也按规矩奖赏；如果有过，即便是身边亲近的人也按律惩处。你们一定要向他学习啊！"太宗不仅如此督导大臣，自己也是以公正为准

唐高宗李治

唐高宗李治（公元628年—公元683年），唐朝第3位皇帝，在位34年，年号永徽等。唐高宗继承太宗事业，延续太宗时期的各项制度，勤于政事，任用长孙无忌、褚遂良等贤臣，使百姓安居乐业，后世称高宗朝“有贞观之遗风”。

长孙无忌

长孙无忌（？—公元659年），字辅机，唐初名臣，唐太宗妻兄，位列凌烟阁功臣之首，曾辅佐太宗、高宗两代皇帝。

则。某次，朝廷发现太宗身边的宦官在担任使者外出办公时，常常瞒报实情，太宗不因这些宦官是自己的近臣就包庇他们，而是依法进行了处罚。为落实公正，太宗常留心寻觅正直的贤才。有次刑部尚书张亮因谋反罪被收押，满朝文武都认为张亮该杀，唯有李道裕不惧舆论，上奏说张亮谋反证据不足，按律应赦免。太宗暗自欣赏李道裕的为人。后来刑部侍郎一职有空缺，宰相多次拟定人选，太宗都不满意，太宗说：“我心里其实另有打算，李道裕处事公允，为人正直，就让他担任吧。”

太宗宽而平的法治思想影响了他的后世继任者。唐高宗即位后延续了太宗体恤囚犯，宽减刑罚的施政理念。高宗曾询问大理卿唐临当下在监狱囚禁的罪犯人数，得知只有50多人，且其中只有2人犯了死罪，高宗十分高兴，认为时下法治宽和。但刑罚不能一味宽减，过度的宽容将会演变为纵容，反而适得其反。当时主管法治事宜的长孙无忌深知这其中的道理，于是劝谏高宗减刑要有度，认为真正的宽容是时刻保持法律的公正性，不以情绪左右刑罚，高宗深以为然。

高宗曾命长孙无忌等人整理《贞观律》，将《贞观律》中不合时宜的内容删去。新整理的律法称为《永徽律》。《永徽律》在实施过程中遇到了一些问题，一是因为法律条文力求简明扼要，但不同官吏对法律条文的理解不同，以致出现同一罪状而不同地区政府判决不同的情况。二是唐在国家最高学府国子监设有律学一门，同时科举考试有“明法科”一项科目，用以培养和选拔法治人才。但是因为律法没有权威解释，导致教学和考试也缺少一定的标准。于是高宗又命长孙无忌等人对《永徽律》进行逐条逐句的解释，形成正式的解释文本《律疏》，随后将律文和释文合并称为《永徽律疏》颁布天下。《律疏》和律文具有同样的法律效力。《律疏》是唐朝君臣在面对法治具体实施问题时的开创之举，丰富了法律形式，形成了独具特色的法典样本。至此，唐朝律法趋于完善。

《永徽律疏》共三十卷，条缕清晰，内容丰富，其中《名例律》为律文之首，相当于现代的刑法总则，指明了律法的基本原则，统摄其余诸篇；后九篇为分则，规定了具体的罪状和惩罚措施；末两篇相当于现代的程序法范畴，阐述了具体审讯、拘捕、判决的方法。再加上律文和释文相互参悟这种创新的方式，便于法律实施，体现了高超的立法水平。

唐朝承平繁荣的盛世和“刑轻而犯者少”的和谐社会局面让后世无限向往。归结其中缘由，完备的法律系统的建立只是其中一方面，更主要的是唐朝一贯秉持“宽平相济”的法治理念。《永徽律疏》的一大特点就是引礼入法，把伦理道德和法律结合起来。法律是为去恶，礼教是为扬善，去恶的目的在于扬善。一般观念可能认为，法律规定越是详明越是严厉，犯罪行为就会越少。然而唐朝法律力求宽简，反而出现常年囹圄空虚的情况，就是因为重视礼法结合，以法辅礼。《永徽律疏》常以礼作为量刑的标准，释文部分更是直接引用儒家经典，其“一准乎礼”的指导思想一目了然。同时唐朝法治注重公平，某项普通

《贞观政要》

《贞观政要》为唐代吴兢所作政论类史书，记载唐太宗在位二十三年间的重大举措、群臣奏议及太宗与魏徵、房玄龄、杜如晦等大臣的对话。

杀人案件，常由皇帝亲自督办，反复审议，务求公允。唐朝政论类史书《贞观政要》单列《论公平》一卷，详载魏徵等人劝谏太宗任法不任智，任公不任私，在天下间营造公正的社会风气等良言。官吏是维护社会公正的主要承担者，唐律尤其重视防范官吏知法犯法，《永徽律疏》中与官吏贪腐受贿等犯罪相关的条目措施详细，惩罚也较其他财物类犯罪更为严厉，同时还配套完善的监督制度，即便今日看来仍有可取之处。

巍巍大唐盛世逐步落幕，但唐朝的法治精神亘古流传。后世称《永徽律疏》为《唐律疏议》，视为法律宝典，宋、明直至清朝一直以它为蓝本修订法律。《唐律疏议》这样一部传世宝典，既是中国古人法治精神的映照，同时作为世界五大法系之一——中华法系的代表，在世界法制史上拥有重要地位。它是中国的，也是世界的。《唐律疏议》随着唐朝与亚洲各国的文化交流而对古代亚洲各国法典产生重大影响。日本《大宝律令》《养老律令》不仅在篇目和次序上大量参照《唐律疏议》，并沿用其中格局1000余年。朝鲜《高丽律》、越南《刑书》等法典的修订，均在不同程度上受到《唐律疏议》的影响。自唐朝始，中国法典的科学、完备受到邻国的认可与尊重，极大推进了周边国家法治建设的发展，代表着中华法系对世界民族的卓越贡献。

《唐律疏议》是古代的，也是现代的，其所彰显的以民为本、德法互补及慎法原则，时至今日仍熠熠生辉，其中多项合乎人情、合乎义理的法制规定在当代中国仍有存留。如《唐律疏议》较前朝律法减免了死刑罪名数量，2011年5月1日施行的《中华人民共和国刑法修正案（八）》亦将68个死刑罪名减至55个，凸显了对生命的尊重；再如基于“尊老敬老”的道德传统，《唐律疏议》对老年人犯罪采取了相应的宽宥制度。《中华人民共和国刑法修正案（八）》首次创建了老年人犯罪从宽处理的制度，规定年满75周岁的老人故意犯罪，可以从轻或减轻处罚。与此同时，当代法治对老年人犯罪的宽宥，不仅仅是传统道德观念的延续，更是基于对人权的充分认识和对老年人生理、心理因素的综合考量。当代中国法治建设正是在结合历史传统的基础上，以符合当代治理特色和现代人权观念的形式，去粗取精，充分吸收了中国古代法治的有益成分，谱写出现代法治的美丽华章。

全民普法，守法自治

历史记载

明太祖平武昌，即议律令……谕之曰：“法贵简当，使人易晓。若条绪繁多，或一事两端，可轻可重，吏得因缘为奸，非法意也”……又恐小民不能周知，命大理卿周桢等取所定律令，自礼乐、制度、钱粮、选法之外，凡民间所行事宜，类聚成编，训释其义，颁之郡县，名曰《律令直解》。太祖览其书而喜曰：“吾民可以寡过矣。”

三十年，作《大明律诰》成。御午门，谕群臣曰：“朕倣[1]古为治，明礼以导民，定律以绳顽，刊著为令。行之既久，犯者犹众，故作《大诰》以示民，使知趋吉避凶之道……然法在有司，民不周知，故命刑官取《大诰》条目，撮[2]其要略，附载于律。凡榜文禁例悉除之，除谋逆及《律诰》该载外，其杂犯大小之罪，悉依赎罪例论断，编次成书，刊布中外，令天下知所遵守。”

——《明史·刑法志》

①倣：“仿”异体字。

②撮：摘取。音cuō。

“有法可依”固然是实现法治的第一步，但如果法律只存于高阁，流传于官吏、权贵之间，不为百姓所知，又如何能发挥法治的作用呢？要想让法治精神广植人心，就要进行普法活动。普法有这样几个重要意义，一是百姓知道了法律，才能够自觉守法，避免违法行为；二是百姓具备了法律意识，才能运用法律武器维护自身权益，正确解决邻里纠纷；三是百姓掌握了法律，可以对官吏队伍起到一定的监督作用，促使官吏带头守法，依法行事。中国古人深谙其中道理，因此中国历朝历代均十分重视普法工作。

早在西周时期，负责掌管国家司法的大司寇就通过“悬法象魏”的方式向百姓普及法律条令。所谓“悬法象魏”就是指把法令悬挂在宫门外的城楼上，高高挂起，让百姓得以观看学习。中国古人向来重视时令，这场普法活动选在每年的正月初一这一天，新年伊始，万象更新，是一年当中最重要的一天，可见当时对普法工作有足够的重视。在这一天，大司寇的辅官小司寇要率领所有部属现场观摩“悬法象魏”活动，并命令各地司法官宣传法令。不仅如此，西周还设立了专门负责宣传法令的“布宪”一职。布宪包括中士二人、下士四人、府二人、史四人、胥

律法

四人、徒四十人，是一个严密的官职体系。布宪的职责就是在每年正月开始巡视各地，在全国范围内进行普法，并检查地方普法的成效。

秦朝时，朝廷针对普法，朝廷制定了“以法为教，以吏为师”的政策。“吏”专指法官，就是号召普通官吏和百姓向法官学习法令，推行普法活动。普法的首要对象应是官吏，因为他们是法事活动的主要承担者。因此朝廷设立了“律学”这一部门，来专门传授法律知识、培养司法官。当时，是否明晓法律成为衡量官吏能力的标准之一，不通晓法律的官吏无法开展行政工作，不能称职。汉朝时更加重视培养官吏法律素养，各地纷纷派遣属员到京城学习法律，学有所成的将会委以重任。当时朝廷选拔官吏有四科，法律即是其中一科，可见对法律学习的重视。三国时期，曹魏大臣卫觊上奏建议设置专门教授官吏法律知识的“律博士”，以解决官吏队伍法律素养不足的问题，这一建议很快得到批准。唐朝时为便于法律的应用和普及，编纂了条目简约、释文详细的《唐律疏议》，并正式将律学设为官学，开始有制度、有规划地培养法律人才。唐朝在科举考试中设置“明法科”，为精通法律的人才提供入仕途径，进一步推动了民间学习法律的热情。宋朝沿用了唐朝的律学制度，规定朝廷每有新颁布的条令，立即送往律学供学生学习，并每月设置一次大考、三次小考检查学习成效。精研法律的学生可直接举拔为官而不必再参加其他考验。在政府的大力提倡下，当时的读书人“无不言法令”，著名文学家苏轼就是以一篇法律论文一举夺得科举第二名。

中国古代的普法活动在明清时期达到最高峰。明朝开创了“讲读律令”政策，规定所有官吏都要熟读律书，常常讲习，互相探讨。每年所有官吏都要到指定场所进行考核，不能流畅讲解律文、不具备法治思维的官员将受到相应惩处。法律知识也在当时成为科举考试的必考科目。明太祖朱元璋出身平民，他对当时民间法治混乱的情况有切身的体会，深知普及法律的必要。为了照顾一般百姓的知识水平，他下令编纂通俗的法律读物《律令直解》，并在各地设置“申明亭”辅助法律普及工作。所谓申明亭就是一个专门的普法宣

明太祖朱元璋

明太祖朱元璋（公元1328年—公元1398年），明朝开国皇帝，年幼时贫困，后参加起义军反抗元朝暴政，建立明朝，年号洪武，在位31年。在位期间大兴科举，行政勤勉，注重法治，严惩贪官，开创了“洪武之治”。

《大明律》

《大明律》是朱元璋主持修订的明朝国家法典，较《唐律》文字简明，结构更合理。《大明律》继承了明朝以前历代法典的优良传统，又对后世立法产生了较大影响，在中国法制史上具有革故鼎新的意义。

传栏，每当当地有人违法，就把犯人所犯的条令和审判结果在亭中公告，以起到警示和宣传的效果。在统一天下后，明朝历时三十年修订了国家法典《大明律》。但《大明律》对一般百姓来说体量巨大，晦涩难懂，于是明太祖又亲自主持修订了通俗性法律文本《大诰》，以大白话的形式将《大明律》的要旨告诉百姓。《大诰》每项条款都附有一则案例，将典型事例的审案过程和处理结果详详细细记录下来，起到了通俗易懂的宣传效果。同时下令各类学校必须向学生讲解《大诰》，乡民集会时要宣讲《大诰》，百姓日常耕作之余要学习《大诰》，无论官民，家家户户都要留存一本《大诰》。一时间法律学习在民间蔚然成风。某年明太祖在京城举办讲读《大诰》的集会，全国各地来参会的人络绎不绝，竟然累计有19万人之多。

清朝借鉴了明朝普法的先进经验，将“讲读律令”设

人前人后一身正氣
禦制大浩

康熙帝

康熙帝（公元1654年—公元1722年）即清圣祖，本名爱新觉罗·玄烨，清朝第4位皇帝，“康熙”是他的年号。康熙帝在位61年，是中国历史上在位时间最长的皇帝。面对明清交际，政治动荡的局面，康熙帝多方征战、治吏安民、发展经济，开创了著名的康乾盛世。

雍正帝

雍正帝（公元1678年—公元1735年）即清世宗，本名爱新觉罗·胤禛，清朝第5位皇帝，在位13年，“雍正”是他的年号。雍正以勤政著称，推行了一系列社会改革，对清朝国力的发展有承前启后的作用。

定为官吏培养制度之一。为了便于“讲读律令”的进行，清朝鼓励私人注解律法，形成了各级官员组成的学律团体。康熙帝为了在民间推广法律精神，制定了《圣谕十六条》，内容涉及百姓生产生活的方方面面。他的继任者雍正帝为便于百姓理解，又对《圣谕十六条》各条文进行官方注解，编纂为《圣谕广训》，并以此为教材在民间推行普法活动。雍正帝推广的这次普法活动可谓形式多样，不仅在每条圣谕下附录相关法令、案例，在有方言的地区还用当地方言进行讲解，并出版了粤语、满文、蒙文等多个版本。为照顾不识字的老幼妇孺，各地纷纷绘制如《圣谕像解》这样的图画版本，并借用歌诀、表格等形式辅助推广。为避免照本宣科使人厌烦，有些地方还以小说的形式进行演绎，充满了故事性和趣味性。

普法是维护法律权威，塑造法治社会的必要手段，也是“负责任法治”的重要体现。全民普法历经千年，成为中国法治实践中的优良传统。1986年，一场轰轰烈烈的“一五”普法运动在广袤的中华大地铺展开来，讲座、报刊、标语、宣传册，各式各样的普法活动如雨后春笋般开展。在这次普法运动中，中央领导带头学法，包含干部、军人、农民、知识分子、学生在内的数以亿计的人民群众接受了法律知识教育。时任德国司法部长汉斯及美国司法部长米斯一再称赞这场全民普法运动，称这种政府自上而下的普法运动，只有社会主义国家才有动员的力量，西方国家不可能做到；米斯称这是美国200多年历史上从未有过的壮举。中国共产党之所以以如此大的决心和精力推动普法事业，是因为他们清晰地认识到，法律的本质是对人民群众和社会集体的一种保护，人民群众只有知法、守法，才能有效、合理地维护自身和他人的正当权益。这场人类历史上规模最大的普法运动至今已进行了35年，2016年启动的“七五”普法仍着重强调把领导干部带头学法、模范守法作为树立法治意识的关键，将法治观念强不强、法治素养好不好作为衡量干部德才的重要标准，中国的领导人认为全民普法和守法是依法治国的长期基础性工作。35年来，法律观念在中国早已深入人心。

随着科技时代的到来，中国各级政府巧用网络媒体，以现代人喜欢的方式开展网络普法，取得瞩目效果。早在2005年，江苏省镇江市就开办了“镇江普法网”，使当地居民可以24小时自助获取法律知识。仅2009年1年，普法网就累计达到600万点击率，有效提高了当地法律普及程度。2014年以来，公安部连续举办了六届平安中国“三微”比赛，借助微信、微博、微电影等网络平台及形式，向全国公安民警征集普法宣传作品，并向全社会发起优秀作品投票，每届比赛都在微博等网络平台引起巨大反响。普法网站、网络作品征集等创新举措只是当代中国适应科技发展，开展普法活动的冰山一角。新中国成立以来，中国政府数10年坚持普法如一日，使法律观念深入人心，形成了人人懂法、人人守法的普法新格局。在当代中国，以法律捍卫正当权益，以法律监督政府健康运转早已成为常态。

第二章

严格执法，法不阿贵

法典是严肃的、无言的，代表了一个时代追求法治正义的价值趋向。法治英雄人物是鲜活的、生动的，他们维护公平正义的刚毅，他们不阿权贵的孤勇，凝结为一个时代的法治灵魂。从商鞅到曹操，从戴胄到包拯，中国法治历史长河中总有英雄辈出，在典籍中，在故事里，谱写成一首首激昂壮歌，将千百年熔炼的法治精神薪火相传。现如今，千千万万个法务工作者以法治塑和谐，以法治谋富强，正在法治历史篇章中写下浓墨重彩的一笔。

商鞅立法，不阿权贵

历史记载

令行于民期年，秦民之[①]国都言初令之不便者以千数。于是[②]太子犯法。卫鞅曰："法之不行，自上犯之。"将法太子。太子，君嗣也，不可施刑，刑其傅公子虔，黥[③]其师公孙贾。明日，秦人皆趋令。行之十年，秦民大说，道不拾遗，山无盗贼，家给人足。民勇于公战，怯于私斗，乡邑大治。

——《史记·商君列传》

应侯问孙卿子曰："入秦何见？"孙卿子曰："入境，观其风俗，其百姓朴，其声乐不流汙[④]，其服不挑[⑤]，甚畏有司而顺，古之民也。及都邑官府，其百吏肃

①之：到。
②于是：承接词，当是时。
③黥：在人脸刺字并涂墨的刑罚，音qíng。
④汙："污"异体字。
⑤挑：同"佻"，轻薄。

然，莫不恭俭敦敬忠信而不楛[①]，古之吏也。入其国，观其士大夫，出于其门，入于公门；出于公门，归于其家，无有私事也；不比周，不朋党，倜然莫不明通而公也，古之士大夫也。观其朝廷，其朝闲，听决百事不留，恬然如无治者，古之朝也。故四世有胜，非幸也，数也。是所见也。"

——《荀子·强国》

法治建设并非一蹴而就，中国的法治进程是在对国家治理的不断反思中，通过一次又一次的改革逐步推进的。中国法治改革史上最为著名的事件，莫过于发生在战国时期秦国的商鞅变法。秦国地处西陲，历来不被中原各诸侯国重视，直至秦穆公平定西戎，开辟国土千余里，秦国才在各诸侯国间显露头角。据此开疆扩土之功，秦穆公被当

秦穆公

秦穆公（?—公元前621年），秦国第9位国君，嬴姓，名任好。

①楛：滥恶。音hù。

春秋五霸

春秋五霸，霸即是伯，诸侯之长的意思。具体为哪五位说法不一，据《史记索隐》为齐桓公、晋文公、秦穆公、楚庄王、宋襄公。

秦孝公

秦孝公（公元前381年—公元前338年），嬴姓，名渠梁，秦国第25位国君，在位23年。

商鞅

商鞅（？—公元前338年）：姬姓，公孙氏，名鞅。战国时卫国公子，故称卫鞅。后因功封于商、于等地（今陕西商洛市境内），号商君，故又称商鞅。

时的诸侯共主周襄王封为西方诸侯之长，后人也把秦穆公尊为“春秋五霸”之一，此时秦国的国力和声望达到了顶点。然而秦穆公之后，秦国国内连年局势动荡，国力削弱，邻国魏国趁机侵占秦国河西等地；国境以东又有六大强国在外虎视眈眈。到秦孝公时已据秦穆公200余年，在内外交困下，秦国基业重新跌回低谷。秦孝公想要重振祖宗荣光，于是发布求贤令，在全天下招募贤才，商鞅正是在这个背景下来到秦国。

商鞅是当时法家的代表人物，他以变法图强的策略劝谏孝公。孝公听到商鞅的建议后精神大振，认为变法确实是富国强兵的不二选择。但孝公对变法有所顾虑，担忧骤然推行变法会引起天下人不满，于是召商鞅和大夫甘龙、杜挚进行辩论。甘龙认为，旧法沿用已久，官吏对旧法熟习，老百姓也习以为常，因此不必费力就能治理国家。杜挚则认为，施行现成的法律可以避免过失，因循旧制不致有太大的偏差。二人基本代表了当时秦国保守一派的主场。商鞅争辩道，贤能的人能顺应时势，及时作出改变；愚钝的人却往往落后于形势，不知进取。治理国家原本就没有一成不变的方法可以遵循，重要的是要及时根据国情调整策略。当年商汤、周武王没有拘泥于旧制，推行改革，最终称王天下；夏桀、商纣不及时改变腐朽的旧制，最终走向灭亡。因此，只要是对国家富强、百姓安乐有利的改革措施，就应该大胆地推行。商鞅一一驳倒各种争议，使变法得以顺利进行。

商鞅首先对户籍制度进行改革，下令将十家编为一什，五家编为一伍，命什伍间相互监督，一家有罪，别家连带治罪；同时打破世袭制度，让普通百姓有通过军功加官晋爵的机会；又将零散的乡镇村庄合为一县，设置县令、县丞，使全国共分为31个县，便于管理；在农业方面，鼓励生产，宣布只要粮食、布帛增产的家庭都可以免除劳役。

新法颁布前，商鞅唯恐百姓不相信新法有令必行，于是在国都集市的南门竖起一根三丈高的木头，宣布能把这根木头搬到北门的人，可以受赏十金。起初，百姓十分诧异，议论纷纷，不相信这么简单就能拿到十金的奖赏，所以没有人上前搬动。商鞅见状，又宣布把奖赏提高到五十金。此时有人按捺不住，如令把木头搬到了北门，商鞅立即奖赏此人五十金，围观者哗然，这才知道商鞅真的有令必行。商鞅见已得到百姓的信任，于是立即颁布新法。

因为新法改变了百姓原有的生活习惯，施行1年后，控诉新法不便利的百姓累计千人，新法的实施遇到阻碍。恰好此时，太子驷触犯新法。商鞅认为，“法之不行，自于贵戚”，意思是，新法之所以不能顺利推行，是因为上位者不能遵守。念于太子是一国储君，对太子施刑容易引起国内混乱，于是商鞅处罚了负责培养太子德行的公子虔和负责训导太子的公孙贾。这件事让新法的权威性、公正性得到充分彰显，从此以后秦国百姓都开始自觉奉行新法

秦

秦昭王

秦昭王（公元前325年—公元前251年），嬴姓，名稷，秦国第28位国君，在位56年。

荀子

荀子（？—公元前238年），名况，字卿，又称孙卿子，战国时期赵国人。著有《荀子》，儒家代表人物之一。

了。新法施行10年后，遗失在路上的财物，不会有人占为己有，山林隐蔽处不再有盗贼出没，家家户户衣食充足，百姓勇于为国征战而不敢私斗，全国上下秩序井然。新法受到举国民众的拥护。

数十年后的秦昭王时期，儒家代表人物荀子到秦地游览，时任秦国宰相范雎问荀子有何见闻。荀子回答说：“秦国民风淳朴，老百姓不穿奇装异服，音乐柔和动听没有靡靡之音。百姓敬畏官吏易于管理。官吏做事谨慎，节俭奉公，在衙门办公不徇私阿党，私下里不滥用职权为己谋利。政府处理政务井井有条，下达政令简明扼要。秦国四世以来的功绩并非侥幸，而是必然的。”可以看出，秦国从秦孝公变法到秦昭王，经过四代人的努力，实现国治民安的良好局面，都是变法图强，立法有信、奉法公正的结果。

“法之不行，自于贵戚”阐明了依法治国“必须抓住领导干部这个‘关键少数’”的理念，即是说，当前中国正在全面推进依法治国，领导干部的法治意识是其中重中之重。领导干部要带头守法，做尊法的模范；法律的底线不可触碰；依法行事，“把权力关进制度的笼子里”。之所以如此凸显领导干部守法的重要性，是因为中国自古以来不仅意识到领导干部具有治国理政的职能作用，也有身先士卒的表率作用。解放战争时期，毛泽东同志等老一辈革命家带头遵守“三大纪律八项注意”，做好了领导者的表率。解放军在他们的带领下，协同一致，与百姓秋毫

三大纪律八项注意

1947年10月10日由毛泽东同志起草，用于以纪律的形式约束解放军将士言行，体现了人民军队的优良作风。三大纪律为：1. 一切行动听指挥；2. 不拿群众一针一线；3. 一切缴获要归公。八项注意为：1. 说话和气；2. 买卖公平；3. 借东西要还；4. 损坏东西要赔；5. 不打人骂人；6. 不损坏庄稼；7. 不调戏妇女；8. 不虐待俘虏。

无犯。这让老百姓们对中国共产党及解放军的纪律和政策产生了极大的信任，纷纷自发担负起运送军粮，转运伤员的任务，仅淮海战役中就有500多万百姓参加了解放军的后勤支援，一时形成军民协同作战的盛况。对比而言，国民党军队上下贪腐，在其统治区肆意敛财，对当时的经济生产生活带来极大破坏。美国学者胡素珊（Suzanne Pepper）在其代表作《中国的内战（1945–1949年的政治斗争）》中指出，中国共产党之所以能取得胜利，其中一个重要原因就是共产党能严格遵守纪律，赢得了百姓的拥护和信任。

领导干部率先守法事关法律威信，这是中国共产党基于历史镜鉴，在长期执政过程中领悟的法治本领。因为老百姓不仅要看执政者说什么，更要看执政者做什么。如果领导干部一方面推行法律，一方面又违反法律，那么法律就如同一纸空文，得不到百姓的拥护和认可。“其所令反其所好，而民不从”说得正是这个道理。

衙门立棒，不避豪强

历史记载

太祖初入尉廨[1]，缮治四门。造五色棒，县门左右各十余枚，有犯禁，不避豪强，皆棒杀之。后数月，灵帝爱幸小黄门[2]蹇硕叔父夜行，即杀之。京师敛迹，莫敢犯者……（太祖）从坐免官。后以能明古学，复征拜议郎[3]……迁为济南相，国有十余县，长吏多阿附贵戚，脏污狼藉，于是奏免其八；禁断淫祀[4]，奸宄逃窜，郡界肃然。

常[5]出军，行经麦中，令“士卒无败麦，犯者死”。骑士皆下马，付[6]麦以相持，于是太祖马腾入麦中，勑[7]主簿议罪；主簿对以春秋之义，罚不加于尊。太祖曰：

①廨：官署。
②小黄门：东汉时宦官官职名。
③议郎：东汉时为顾问官，可参与朝政。
④淫祀：不合礼制、妄滥的祭祀。
⑤常：通“尝”，曾经。
⑥付：通“附”。
⑦勑：通“敕”。

“制法而自犯之，何以帅下？然孤为军帅，不可自杀，请自刑。”因援剑割发以置地。

——《三国志·武帝纪》

东汉末年，时值汉灵帝即位，号称“十常侍”的宦官团体欺侮皇帝年幼，将朝政大权把持在自己手中。他们构陷罪名诛杀异己，甚至公开标价售卖官职。及至后来，凡有官员升迁均要贿赂“十常侍”，朝廷上下贪贿无艺，民间百姓怨声载道，彼时的社会秩序受到了极大破坏。这是一个混乱的年代，法律制度早已失去应有的威慑力，王公贵族随意践踏法律的事时有发生。三国曹魏政权的建立者曹操素来很有政治抱负，以重建社会秩序，保国安民为己任。当时的社会名流乔玄、许劭等人都认为他将来必定是

汉灵帝

汉灵帝刘宏（公元156年—公元189年），东汉第12位皇帝，在位21年。在位期间耽于享乐，任用宦官，卖官鬻爵，致使内外变乱。在位晚期爆发著名农民起义战争——黄巾起义。

曹操

曹操（公元155年—公元220年），字孟德，三国曹魏政权奠基人，逝后追尊为魏武帝。擅长军事，曾指挥著名以少胜多的官渡之战。先后击败多方割据势力，逐步统一中国北方区域。执政期间，唯才是举，尚礼重法，稳定秩序，恢复生产。曹操还擅长文学，有多篇文章留世，其文感情真挚、凄凉悲怆，反映了人间疾苦和自己的政治抱负，是当时“建安文学”的经典代表作。

《孙子兵法》

《孙子兵法》，春秋时孙武所作，成书迄今约2500年，是世界上最早的军事著作。其主要记载军事韬略，亦包含大智慧，为历代兵家必读书。

安稳时局的大英雄。

当时年仅20岁的曹操被任命为洛阳北部尉，负责都城北部区域的治安问题。洛阳作为东汉都城，更是权贵云集之处，各方势力盘综错杂，法治管理是个艰巨的任务。这时的曹操风华正茂，疾恶如仇，他看不惯权贵们无视法律规定，恣意横行，下定决心要好好整治一番。于是曹操命人制作了10余根五色大棒，悬挂在县门左右，宣布但凡有违背法禁，依法当诛，不论是平民百姓还是权贵豪强，都用五色大棒棒杀。曹操博览群书，文武双全，尤其喜爱

蹇硕

蹇硕（？—公元189年），东汉末年宦官，曾为西园军元帅，领导曹操等八校尉，行监督之权。因受皇帝宠信，权倾朝野，后在争权斗争中身死。

窦武

窦武时任大将军，位列三公之上，为最高军事统帅。窦武素来正直，年轻时即以德行著称，任职期间仰慕名士，施给贫民，廉洁奉公。陈蕃时任太傅，位列三公之上，可行宰相职权。为官刚正清廉，多次谏诤时事。二人共同谋划诛灭宦官，可惜被宦官偷看奏章，宦官诬陷二人谋反，派兵包围杀害。

《孙子兵法》，并为《孙子兵法》作了历史上第一本注解。《孙子兵法》认为最高级的军事策略是“不战而屈人之兵”，就是通过展现威慑力，不用作战就让敌人屈服。设立五色棒颇有一丝兵法的味道，10余根色彩斑斓的大棒威风赫赫犹如噬骨毒蛇一般，让人不寒而栗。曹操设五色棒，虽说也震慑了部分宵小，但偏有不信邪的。数月后的一天，权臣蹇硕的叔叔蹇图在夜间行走，公然违犯禁夜令。蹇硕虽是宦官，但颇受汉灵帝宠信，蹇图仗着侄子关系，横行霸道惯了，心里以为曹操不敢拿他怎样。哪曾想曹操令出必行，立即将蹇图抓捕归案，竟真用五色棒把他活活打死了。从此以后，曹操辖区法令的威信得以树立，再也没有人敢违犯了。

时值大将军窦武、太傅陈蕃等人深感宦官当道，把弄朝政，谋划剪除宦官，可惜事情泄露，二人被陷害身亡。曹操专为此事上书汉灵帝，言辞恳切，认为朝政混乱的根源之一在于上位者不能做好守法的榜样，希望汉灵帝能罢黜宦官，然而汉灵帝并未采纳。在当时有这样一种观念，认为天地间自然现象的吉凶预示着人间政事的优劣。后来国内某地发生了一件异常的自然现象，汉灵帝向朝臣询问其中的缘由，曹操借机进谏说国家最大的异常现象不在于自然灾害，而在于当权者不尽本分，危害法治，三公贵胄互相包庇，民间强者欺凌弱小，风气不正。汉灵帝听言有所感悟，任命曹操为朝廷顾问。此后曹操升任济南王刘康的国相，管理济南王封地的10余个县。这些县的官吏大都是贪赃枉法之徒，前任济南相对这些人不做任何处置。曹操赴任后，当即将这些贪官污吏尽数罢免，使济南政坛焕然一新。

然而时处东汉末年，国内矛盾积蓄已久，各地诸侯纷纷拥兵自立，延续400余年的汉王朝如同一个威严耗尽的洪荒古兽，再也难以支持它那空虚臃肿的身躯。历史变革的潮流已呈滚滚之势，非个人所能挽救。历史上的曹操是个复杂的人物，让人既爱又恨，爱他的人称他为“天下英雄”能“拨乱反正”，仰赖他天下“得免于危亡”；恨他的人说他生性多疑，是“奸臣”，冠以“篡汉”的罪名。但他一统战乱纷扰的北方，尚礼重法，在一定程度上稳定局势、发展生产却是不争的事实。军阀征战的年代，曹操迅速投身军戎，他治军严格，尤其注重维护军法的威严，法出必行。公元202年，曹操发动剿灭袁氏残余势力的战争[①]，随即发表命令说：“自从我下令出征以来，只奖赏有功而没有惩罚有罪，这不符合国家法度。今后打仗失利的要依法处置。”公元205年，曹操攻灭袁谭，平定冀州。冀州当地混乱已久，法治败坏，曹操下令百姓不得私自报仇，一切纠纷都按照法律处理。曹操军士勇猛，攻城略地，有此种战绩和军队纪律严明不无关系。曹操自己也身先士卒，带头守法。曾有一次曹操带军出征，经过一片麦田。曹操为保护百姓财产，下令禁止士卒踩踏麦田，违令者要处死。可谁知偏偏曹操座下马匹受惊，窜进麦田，

---

①曹操与袁绍同踞北方，公元200年，两军相持官渡，展开了历史上著名的以少胜多的战役——官渡之战。此战胜利后，曹操旋即剿灭袁绍之子袁谭、袁尚等势力，为统一北方奠定了坚实的基础。

毁坏了田地，于是曹操招来主管法纪的官吏论罪。官吏说按照自古惯例，尊主可以不受刑罚。曹操自言自己下令反而违反，如此不能统帅军队，但自己身担重任，也不能一死了之，于是割下头发代替斩首，以表示自我惩戒。

公元220年，那个从政之初胆敢设立五色棒，棒杀权贵的曹操已年近七旬，垂垂老矣。曹操留下遗嘱，自己去世后要施行简葬，不封高台，不植陵树，不陪葬金银财宝。“往事越千年，魏武挥鞭，东临碣石有遗篇。萧瑟秋风今又是，换了人间。”[①]千年以来，作为中国历史上备受瞩目的人物，后人对曹操多有凭吊，唐太宗李世民称他“匡正之功，异乎往代”，认为他对维护当时社会秩序有巨大贡献。毛泽东同志称他“是个了不起的政治家……改革了东汉的许多恶政，抑制豪强……推行法治，提倡节俭，使遭受大破坏的社会开始稳定、恢复、发展。”时过千年，曹操虽然已经故去，但他刚正不阿的精神却在中华大地永久留存。

现如今虽处和平年代，但以法律规范领导干部，

①出自毛泽东同志《浪淘沙·北戴河》一词，该词创作于1954年，所选词句表达了作者忆古思今，勇于开创新时代的豪迈情怀。

不断净化领导干部队伍仍是中国共产党执政的宝贵经验和必胜法宝。早在新中国成立初期的1951年，针对执政队伍中屡屡出现的贪污腐败、盗骗国家财产、官僚主义横行等问题，党中央开展了一次“刀刃向内”的“三反”“五反”运动，下定决心通过法律手段刮骨疗毒。“三反”“五反”运动中，党中央出台了一系列法律法规，号召人民群众揭发身边的贪腐现象，依法惩处了一大批违法领导干部。重棒之下，执政队伍中存在的消极腐败、脱离群众等问题得到有效遏制，全社会重新树立起廉洁朴素的文明风尚。

诚然，在任何国家的任何时期，贪污腐败问题总是难以避免。在中国古代社会，即便有曹操这样刚正不阿的执法官，不能也不可能有决心和勇气在全国范围内肃清贪腐问题。归根结底，贪官污吏最终侵害的是普通百姓的权益。新中国是人民民主专政的社会主义国家，国家的权力和财富是属于人民的。这句话不是空洞的口号，而是在“三反”“五反”运动中，在中国共产党对自身的整治、反省中体现的至理良言。习近平总书记曾说：“党的十八大以来，我们探索出一条长期执政条件下解决自身问题、跳出历史周期率的成功道路，构建起一套行之有效的权力监督制度和执纪执法体系。”如今的中国所依靠的不再是彰显个人法治精神的“五色棒”，而是舞起了依靠健全法治体系，彰显时代法治精神的“五色棒”。这柄“五色棒”不再仅仅悬挂在某个衙门口，而是悬挂在每一个执政干部的心口上。

国舅犯法，法无两适

历史记载

长孙无忌被召，不解佩刀入东上阁[1]。尚书右仆射封德彝论监门校尉不觉，罪死当，无忌赎。胄曰："校尉与无忌罪均……若罚无忌，杀校尉，不可谓刑。"帝曰："法为天下公，朕安得阿亲戚！"诏复议，德彝固执，帝将可。胄曰："不然。校尉缘无忌以致罪，法当轻；若皆误，不得独死。"繇是[2]与校尉皆免。

时选者盛集，有诡资荫[3]冒牒取调者，诏许自首；不首，罪当死。俄有诈得者，狱具，胄以法当流。帝曰："朕诏不首者死，而今当流，是示天下不以信，卿卖狱[4]邪？"胄曰："陛下登[5]杀之，非臣所及。既属臣，敢亏法乎？"帝曰："卿自守法，而使我失信，奈

①阁：便殿。
②繇是：于是。
③资荫：凭先代功勋以得官爵。
④卖狱：因受贿而枉法。
⑤登：立即。

何？”胄曰：“法者，布大信于人；言乃一时喜怒所发。陛下以一朝忿将杀之，既知不可而寘[1]于法，此忍小忿、存大信也。若阿忿违信，臣为陛下惜之。”帝大感寤[2]，从其言。

——《新唐书·戴胄传》

唐代的法治精神彪炳千古，不仅在于有《唐律疏议》这样的法律经典流传于世，亦在于有维护法治尊严，据法力争的执法官吏。可以说，一朝法典是一朝法治精神的缩影，一朝法治人物是一朝法治精神的体现。贞观元年，唐太宗即位之初发生了这样一件事，可以称为考验唐朝“法治”地位的肇始事件。

此时，历时十余年的征战接近尾声，[3] 年仅29岁的唐太宗即位只一年，国内生产生活亟待恢复正常秩序。为了迅速稳定朝政，让百姓安居乐业，太宗常召集开国重臣商

---

①寘：“置”异体字。

②寤：通“悟”。

③隋炀帝杨广奢侈无道，过度消耗国力，引发各地起义反抗。公元617年，唐太宗父亲李渊起兵反隋，至628年唐太宗灭梁师都彻底统一全国，前后征战10余年。

戴胄

戴胄（公元573年—公元633年），字玄胤，唐初宰相之一。生性忠直，敢于犯颜直谏。戴胄熟习法律条文，擅长处理刑事案件，常年掌管国家司法事宜。

议国事。长孙无忌是太宗妻兄，与太宗年少相交，随他南征北战立下赫赫战功，太宗对长孙无忌非常信任。这一天太宗急召长孙无忌觐见，匆忙之间长孙无忌忘记在殿门解下佩刀，违犯了法禁，而负责监守殿门的监门校尉也没有发觉。要知道带刀面见皇帝可以视同谋反，但因为无心过失就处死功臣于人情不合，若直接赦免又于法理有悖，这件事着实难办！太宗下令群臣讨论处置方案，时任宰相的封德彝认为，未发现佩刀进殿是监门校尉的失职应当处死，长孙无忌带刀进殿属于失误，判处罚金。这是明显袒护高官的判决，然而当时满朝文武都默认这是“公允”的方案，太宗也决定采纳。此时大理寺少卿戴胄站出身来，据理直言：“长孙无忌是直接责任人，校尉因他而犯罪，按理罪责较轻。若要严肃处理，怎么能只处死校尉，若要酌情减轻，怎么能只轻无忌一人？同样一件事，法律怎么能因为贵贱的不同而判决各异呢？”太宗若有所悟，说

道："法律是天下的公法，怎么能因为无忌是我的亲戚就偏袒他呢？"最终无忌和校尉皆免死罪。

同年朝廷大行举拔官员，有部分人通过谎报祖先军功来获得官位。太宗知晓后勃然大怒，口谕伪诈者自行投案，如果不自首，一旦查出将处死刑。不久之后，有人被揪出，押解在最高法院大理寺等待判罚。令人意外的是，主管此案的戴胄没有遵从太宗口谕，而是依法判处流放。太宗十分生气，指责道："我之前已经下令，不自首的人要处死刑，现在你判罚流放，不是等于诏告天下人我这个皇帝言而无信吗？"戴胄回道："陛下既然将此事交给司法部门处理，就是要依法律处置。法律是第一位的大信誉，口令只是一时的喜怒。如果顺从愤怒而危害大信，将情绪置于法律之上，臣私下替陛下感到惋惜。"太宗听闻此言，瞬时醒悟，褒奖道："我险些干扰法治，幸好有你及时挽救，有你这样公正的臣子，我还有什么忧虑呢？"值得玩味的是，当初大理寺少卿一职空缺，太宗认为大理寺事关人命，不能轻易与人。戴胄为人清正廉明，正是合适人选。也就是说，这样一个反复冒犯太宗的"硬骨头"，恰是太宗自己挑选的。同时，太宗下令修订《贞观律》也是在这一年，戴胄据法谏诤与修订《贞观律》及唐朝法治精神是否有千丝万缕的联系，史书上没有明确记载，也只能凭读者各自联想。

戴胄前后数次冒犯太宗大多是类似这样的事，他处理案件完全依据法律条文，细致地分析案情，合理地进行判处。他所处理的案件没有一件冤枉的。太宗欣赏戴胄依法办案的耿直态度，对他愈发赏识，两年后让他代理吏部尚书，后升任尚书左丞，辅佐皇帝审理朝政，位同宰相。戴胄无论在哪一个职位上，都是秉持公正，依据规章制度行事，得到群臣的一致称赞，被认为是建朝以来最为称职的尚书左丞。戴胄去世后，太宗十分悲痛，接连三天不能上朝处理政务。

唐朝著名谏臣魏徵曾与戴胄同期担任谏议大夫，负责规谏朝政得失，太宗命二人轮流在身边当值，以便能随时听到谏言。魏徵十分欣赏戴胄的为人，与他交好。戴胄去世后，魏徵每次经过他生前经常往来的地方，都会流下思念的眼泪。魏徵同样以敢于犯颜直谏著称，太宗把他比喻为端正自己言行的一面镜子，尊敬有加。魏徵明了之所以出现法令倾斜的现象，在于掌权者不能秉持公正之心，常因个人喜怒或偏好独断专行。他曾向太宗进言道：“法律的准则在于对天下所有人一视同仁，不能因为亲疏贵贱而轻重有别。现今的刑罚赏赐，有的是出于皇帝个人的喜怒情绪，遇到高兴的时候即便明知违法也不惩处，遇到生气的时候即便明知无罪也妄加苛责。赏罚不依据法度而希求国家安定，这是不可能的。”魏徵一生先后上奏书二百多次，最为著名的当属《谏太宗十思疏》。其中两“思”即再次谏言太宗不要因为一时高兴而谬赏，不要因为一时愤怒而滥刑。魏徵去世后，太宗派人到他家里，得到一页遗表，是魏徵病重时书写的，字迹潦草难以辨认。表中大意仍是劝谏太宗不要因为一时喜怒而违背公正，这是魏徵在弥留之际强撑起来留下的最后谏言。太宗深为感动，又唯恐自己不能照做，让左右大臣把这件事记在笏板上，以便

《谏太宗十思疏》

《谏太宗十思疏》是魏徵于公元637年写给唐太宗的奏章，全文共提出十条谏言，称为“十思”。主意为劝谏太宗居安思危、节俭禁奢、虚心纳下、赏罚公正。

笏板

笏板，由玉、象牙或竹制作而成，是古代大臣上朝时的手持工具，用来记录重大事项以防遗忘。

时时监督。

因为历史原因，过去的统治者拥有无上的权利，而法律能顺利实施就要求它具备超出一切个人的权威。当把法律抬升到它应有的地位时，法权与皇权必然发生碰撞。“法”大还是“皇”大，不同的抉择将必然导致不同的结果。唐朝初年发生的几则故事，正是这个新兴王朝第一次面临这一关键抉择的时刻。应当庆幸的是，唐朝既有开明的君主，又有敢于维护法律尊严的臣子，他们在这个岔路口将王朝驶向了法治的港湾。唐朝的繁荣景象是对这一抉择正确性的最好证明，也为后世在面临这一抉择时提供了最好的历史教材。

中国有数千年的历史，在历史的滚滚浪潮中，既有如唐朝一般的璀璨盛世，亦有如秦、隋一般国运短促，迅速败亡的衰世。然而，无论任何朝代，无论它曾经有多么辉煌，其最终的命运都是湮灭在历史长河当中，不复当年。深析其中缘由，一个至关重要的原因即是皇权的存在。皇权赋予皇帝个人以至高无上的权威，皇帝一个人的态度和行为很大程度上决定了一个王朝的兴衰。在一个王朝建立之初，彼时的皇帝尚且有忧患意识，能够秉公执法；在王朝的末年，此时的皇帝往往沉迷享乐，将个人意志凌驾在法律之上，祸国殃民，最终导致王朝走向衰落。1945年，著名民主人士黄炎培就以这样的问题咨询毛泽东同志，他说，纵观历史，每个朝代都难以走出“其兴也勃焉，其亡也忽焉”的“历史周期律”，请问中国共产党是否有办法跳出这个“周期律”。毛泽东说，我们共产党已经找到了跳出“周期律”的道路，这条道路就是民主。只有让人民监督政府，政府才不敢松懈；只有人人起来负责，才不会人亡政息。新中国是人民民主专政的社会主义国家，人民是国家的主人，政府的权力是人民赋予的，人民对政府有监督的权利，这就从根本上解决了历史上个人权力大于集体、危害集体的弊端。

包公为政，公正廉洁

历史记载

包拯，字希仁，庐州合肥人也……除[①]天章阁待制、知谏院。数论斥权倖[②]大臣，请罢一切内除曲恩……拯立朝刚毅，贵戚宦官为之敛手，闻者皆惮之……旧制，凡讼诉不得径造[③]庭下。拯开正门，使得至前陈曲直，吏不敢欺。中官[④]势族筑园榭，侵惠民河，以故河塞不通，适京师大水，拯乃悉毁去。或持地券自言有伪增步数者，皆审验劾奏之……张方平为三司使，坐买豪民产，拯劾奏罢之……拯性峭直，恶吏苛刻，务敦厚，虽甚嫉恶，而未尝不推以忠恕也。与人不苟合，不伪辞色悦人，平居无私书，故人、亲党皆绝之。虽贵，衣服、器用、饮食如布衣时。尝曰："后世子孙仕宦，有犯赃者，不得放归本家，死不得葬大茔[⑤]

①除：除旧官就新官。

②倖："幸"异体字。音xìng。

③径造：直行前往。

④中官：朝内官员。

⑤大茔：祖坟。茔，音yíng。

中。不从吾志，非吾子若[1]孙也。”

——《宋史·包拯传》

在中国论起古代法治人物，生于北宋年间的包拯是当之无愧的家喻户晓第一人，他为政清廉，依法办事，那些违法乱纪的豪强权贵见到他如鼠畏猫。可以说在包拯生活的年代，他扛起了一国法治大旗，是中国法治史上的正义化身。

包拯在少年时就因为孝顺闻名，他28岁考中进士，本来可以有一个很好的前途，但考虑到父母年迈，包拯选择不去做官，在家照顾父母。直到10余年后父母去世，包拯才正式步入仕途，任天长县的知县。中国古代有选举孝子的惯例，所谓“忠臣出于孝子之门”，因为古人相信对自

包拯

包拯（公元999年—公元1062年），字希仁，北宋名臣，官至三司使、枢密副使。为人刚正不阿，严峻坚毅，为民请命，是历史上著名的清官廉臣。

①若：及、与。

己父母好的人，才有可能对其他人好；反之对自己父母都不好的人，也不可能真心爱护他人。孝顺的人是值得信任的，可以将老百姓托付给他。实际上包拯也正是这样一位值得托付的人。包拯在任宋朝首都开封府的长官时，发现开封府有个陋习，老百姓每次到官府办事，都要辗转多道手续，这样不仅使百姓疲于奔波，小官小吏也常在其中玩弄手段，索要钱财，滋生了腐败。针对这种现象，包拯下令将衙门正门打开，让百姓可以直接来到自己面前陈述是非曲直，从此下属官员再也不敢欺压百姓。

有一次惠民河发生水患，水灾严重，毁坏房屋上万间。包拯一边着手疏通河道，安顿百姓，一边调查水灾原因。结果发现，很多王公贵族在河岸违法修建休闲场所，这些建筑侵占了河道，导致水流不畅，这才引发了水灾，但毕竟涉及官员众多，清理违建会得罪许多朝臣，这项差事可称得上是一块难啃的“硬骨头”，换作其他人难免要掂量一下。但包拯毫不在意个人利益，他毅然决然地下令将两岸楼台花园悉数拆除，还百姓一个清净水域。事后许多涉事官员拿着伪造的地契找包拯理论，企图给违建“摘帽”。包拯实地丈量土地，在证据面前一一揭穿他们的把戏，并将这些官员全部上报朝廷进行弹劾，要求严惩。

包拯性格严厉，他眼中只有法制，揉不进半点沙子。面对那些贪腐违纪的官员，他全无好脸色，人称包拯“笑比黄河清”，意思是见到包拯的笑脸比见到黄河水变清澈还要难。他先后弹劾贩卖私盐的淮南转运按察使张可久、遣使兵士为自己谋私产的汾州知州任弁、监守自盗的皇帝宠臣太监阎士良，更是7次弹劾剥削百姓财物的王逵。王逵在朝中深耕人脉，又得宋仁宗赏识，难以撼动。但包拯毫不妥协，言辞激烈，在第7次的奏章中包拯疾呼：“如今不顾百姓怨言，坚持任用王逵，对王逵一人而言可谓侥幸，但对他所辖百姓而言却是莫大的不幸！”王逵最终被罢免。包拯如此敢于“论斥权幸大臣”，勇于“开炮”，就连三司使张方平、宋祁、宰相宋庠等重臣也不能幸免。一时间高官贵戚噤若寒蝉，闻包而胆寒。当时民间流行“包弹”一词，见到有污点的官吏便暗地里讽刺他：“有

宋仁宗

宋仁宗赵祯（公元1010年—公元1063年），宋朝第4位皇帝，在位41年。仁宗在位期间，宋朝科技和文化得到很大发展，涌现出包拯、范仲淹、王安石、欧阳修、司马光、苏轼等名臣。仁宗善于纳谏，对于包拯的谏言即便有些没有接受也未曾训斥，反而对他多加赞赏，颇为倚重。

包弹矣。”意思是，你迟早等到一封包拯弹劾的奏书。有一次包拯还“管”到了皇帝的头上，温成皇后颇受仁宗宠幸，当她还是嫔妃时想培养家族势力，于是借助恩宠帮助伯父张尧佐数次被破格提拔。张尧佐能力平庸，连任高官不仅僭越法制，而且公私颠倒，老百姓对此议论纷纷，心意难平。包拯为民发声，先后至少5次上奏弹劾张尧佐，劝仁宗断大义，割私情。此事引起群臣共鸣，纷纷跟包拯一道弹劾，张尧佐不得已，被迫辞去官职。

包拯如此刚直，恐怕得罪不少朝臣，但他依旧官运亨通，接连升职，这与他自身守法端正，廉洁奉公有关。包拯年少时就在乡里很有名气，当地有一个富豪对他格外照顾，想请他和同学们吃饭，同学们想去赴宴，包拯却说：“他是富家人，我们是穷学生，今日和他交好，受他恩惠，将来我们出任一方长官，会不会念旧徇私呢？”于是包拯果断拒绝了邀请。包拯从不培植个人私情，后来做官时，故人、亲朋寄来托关系的私信也一概不理。在任家乡庐州知州时，他的一些亲眷仰仗包拯威名横行乡里，恰逢他的从舅犯法，包拯不徇私情，当堂依法惩处，从这以后他的亲旧再也不敢知法犯法了。

包拯严格律己，直到他离任时也没有贪污一枚砚台，

“不持一砚归”。即便后来身居高位，包拯的一切生活用具、饮食衣服都和未做官时一样简朴。

包拯虽然对贪官污吏正言厉色，但对百姓却是爱护有加。他办公虽严格但只是依法行事，并不苛责，常常以宽容的心待人，因此颇受百姓爱戴。以往朝廷所需物品，都是摊派给各地，由各地百姓上交，给百姓的生活带来很大的困扰。包拯任主管国家财物的官员三司使时，专门开设市场，命令官府所需的物品在市场上公平买卖，这样百姓既减轻了压力，也能因此补贴家用。先前司里有些官吏欠下公家财物不还，甚至直接逃跑了，司衙就把他们的家属拘禁起来。但家属是无辜的，不应该为这件事担责。于是包拯任职时，类似这种情况的无辜家属全都释放了。民间有个传说，包拯所戴官帽的帽翅格外的长，这是因为包拯太受百姓喜爱了，凡所到之处百姓争相围观，想和他亲近，围得水泄不通，影响包拯办理公务。于是仁宗下令专门将包拯的帽翅加长，并下令触碰到帽翅的人要受惩罚，这才将包拯“解救”了。从这则传说也可以看出百姓对包拯有多么的爱戴。

公元1062年，包拯在办公途中突患急病，不久溘然长逝，终年64岁。仁宗亲自为他吊唁，并罢朝一日以表示对包拯的惋惜。包拯在世时曾定下家规，后世子孙如果做官，假如有贪赃枉法的人不可回归家族，死后也不可进入祖坟，这在古代是最为严厉的训诫。包拯的后人深为有这样的祖先感到自豪，现如今他们虽然已遍布世界各地，但仍谨记祖训。

在包拯的出生地，现在称为大包村的地方，居住着一批包拯的后裔，有一位名叫包先良的老人至今守护着包家祠堂，每当有游客来访，他都会热心地为大家讲述祖先的事迹。包拯不仅影响了本族人，也作为中国最为知名的清官而影响世世代代。如今开封博物馆藏有一块名为《开封府题名记》的石碑，石碑刻印着183位历任开封知府官员的姓名。在这块石碑上，刻印着包拯名字所在的地方已经深深下陷，据说这是千年来的浏览者因为敬仰包拯，用手摩挲他的名字，久久不愿离去，而生生将石头磨成了深坑。

后世把对包拯的思念和敬仰融合到文艺作品当中，戏剧中的包拯面黑如炭，额头有一个月牙状的疤痕，代表他公正廉明、铁面无私的艺术形象。他甚至被赋予了神力，可以上打龙袍下斩包勉，赫赫如威神，皎皎似明月，成了神灵般的存在。千年来有关包拯的艺术创作实在难以计数，即便到现在包拯的形象仍活跃在各大媒体，出现于各个剧种，以各种各样的形式宣说着守法廉洁，刚正不阿的故事，塑造了一代代中国人的法治精神。①

2014年9月2日，一位名叫曹克明的老人走完了他80岁的人生。曹克明曾任江苏省委副书记并兼任纪委书记，负责省内政法工作。在任期间，因为他秉公执法，不畏强权，被人民群众赞誉为“曹青天”“当代包公”。曹克明侦办案件中最为知名的是无锡市邓斌非法集资案。邓斌通过行贿等手段，蛊惑众多官员成为她的“保护伞”，先后在全国13个省市非法集资32亿元。曹克明带领执法队伍彻查此案，查出涉案人员273人，涉及地厅级以上干部50人，震惊全国，大快人心。曹克明累查大案、要案，因此常常受到人身威胁。江苏省委要给他安排一名随身警卫，保护他的安全，曹克明断然拒绝了，称全国有那么多纪检监察干部，大家都不怕流血牺牲，怎么就我需要单独保护呢？曹克明是包拯法治精神的继任者，也是当代中国千千万万执法官员的一分子。他们信仰法治，身体力行维护法治，心中自有正气。正是有如同曹克明这样的法治人物，才有今日中国法治建设的朗朗乾坤。

---

①出自清代石玉昆所著长篇小说《三侠五义》的虚构故事，宋仁宗不孝，包拯打龙袍以示惩戒；包拯侄子包勉贪赃枉法，包拯依法将其斩首。二则虚构故事突出了包拯不畏权势，不庇亲戚，维护正义的高大形象。

第三章

去私抑邪，守法自正

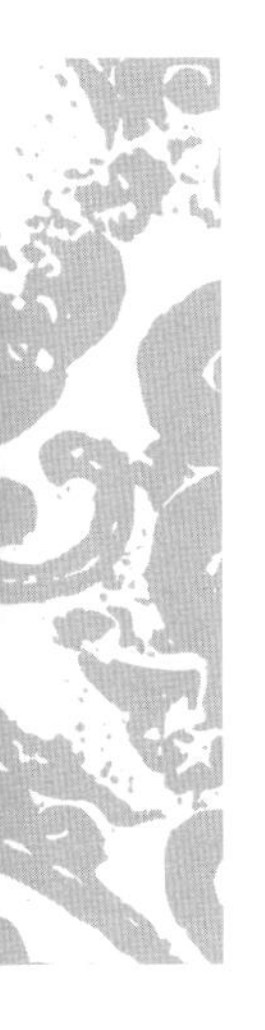

法者为公，其戒在私。私者，一图私利，二谋私情。商纣王作为中国历史上最著名的暴君，其因私害公终致身死国亡的故事深为历代中国人警诫。中国法治史中的正面人物十分注重私欲的危害，无论是公仪休还是杨震，无论是海瑞或是于成龙，他们始终严以律己，以法治之公心驱散私欲之阴霾，以清廉之品行肩荷法治之旗帜。去私抑邪、守法自正凝练为中国人保障执法队伍自身法治素养的心法，导衍为中国共产党开展“整风运动”，制定“八项规定”的自我革命。

为官首戒，勿谋私利

历史记载

帝纣资辨捷疾，闻见甚敏；材力过人，手格猛兽；知足以拒谏，言足以饰非；矜[①]人臣以能，高天下以声，以为皆出己之下。好酒淫乐，嬖[②]于妇人……百姓怨望而诸侯有畔[③]者，于是纣乃重刑辟，有炮格[④]之法……周武王于是遂率诸侯伐纣。纣亦发兵距之牧野。甲子日，纣兵败。纣走，入登鹿台，衣其宝玉衣，赴火而死。

——《史记·殷本纪》

箕子者，纣亲戚也。纣始为象箸，箕子叹曰："彼为象箸，必为玉桮[⑤]；为桮，则必思远方珍怪之物而御[⑥]之矣。舆马宫室之渐自此始，不可振也。"纣为淫泆，箕子

①矜：自夸。
②嬖：宠幸。音bì。
③畔：同"叛"。
④炮格：亦作炮烙，商纣王所创酷刑。铜柱下烧炭，使人行走柱上。
⑤桮："杯"异体字。
⑥御：用于君称"御"。

谏，不听。

——《史记·宋微子世家》

公仪休者，鲁博士也……奉法循理，无所变更，百官自正。使食禄者不得与下民争利，受大者不得取小。客有遗相鱼者，相不受。客曰："闻君嗜鱼，遗君鱼，何故不受也？"相曰："以嗜鱼，故不受也。今为相，能自给鱼；今受鱼而免，谁复给我鱼者？吾故不受也。"。

——《史记·循吏列传》

当之郡，道经昌邑，故所举荆州茂才王密为昌邑令，谒见，至夜怀金十斤以遗震。震曰："故人知君，君不知故人，何也？"密曰："暮夜无知者。"震曰："天知，神知，我知，子知。何谓无知！"密愧而出。后转涿郡太守。性公廉，不受私谒。子孙常蔬食步行，故旧长者或欲令为开产业，震不肯，曰："使后世称为清白吏子孙，以此遗之，不亦厚乎！"

——《后汉书·杨震列传》

古今中外，虽然社会环境不同，制度也有很大差别，但总的来说都是把最有学识、最聪明的一批人培养为执政者。这些执政者制定法律的初衷，都是为了借助法治使国家得到很好的治理，维持社会的公正环境。因此他们理应比任何人更清楚尊法守法的必要性，更明白触犯法律的严重后果。但一个国家法治的颓败又往往开始于执政者自身破坏法治，践踏法律尊严。他们的悖法行为轻则导致自己身败名裂，重则将导致一个国家走向灭亡。历史上无数次上演这样的悲剧，不得不说是一件非常遗憾的事。

中国历史上最遗憾的君主莫过于亡国之君商纣王，商朝作为人类历史上最早的有文字记载流传的文明国度，到纣王时已经延续了数百年。此时的商朝国力繁盛，有发达的青铜制造业，有体系完整的文字——甲骨文。而纣王本人绝非一个昏庸无能的君主，他非常聪明，富有才华，

商纣王

商纣王，距今约3100年的历史人物，子姓，名受，又称帝辛，商朝亡国君主。在位期间荒淫无度，诛杀贤臣，重刑厚敛，穷兵黩武，引起天下人愤恨，最终被周武王率兵讨伐而亡国。

口才非常好。不仅如此，他还有一个健壮的体格，武力超群，敢于和野兽搏斗，曾经率领大军讨伐徐夷部落，驰骋沙场，骁勇善战。就个人能力而言满朝文武都比不上他。按理说这样一个看似贤明的君主，继续商王朝的辉煌不是什么难事。遗憾的是，纣王在位时肆意滥用权力，制定残忍的刑罚荼毒百姓。老百姓怨声载道，于是起兵反抗纣王，导致数百年的商朝基业断送在纣王的手上。

为什么这样一个有能力的君主会走上亡国之路呢？历史告诉我们，这一切都源于纣王贪图享受，放纵自己的欲望。箕子是纣王的叔叔，他最先发现纣王纵欲的端倪。有一次箕子和纣王一起吃饭，箕子发现纣王把普通筷子换成了象牙筷。象牙筷虽小，但箕子敏锐地嗅到了危亡的气息。因为纣王的这一举动，说明在他心中已经为欲望打开了大门。有了象牙筷，就难免想匹配玉杯，有了精美的餐

箕子

箕子，纣王叔父，商朝贤臣，与微子、比干齐名，孔子称三人为“殷有三仁”。箕子劝谏纣王戒贪止奢，纣王不听，箕子知道如此下去商朝恐怕国运不远，但又不忍心弃离故土，无奈只得佯狂隐居。

具，总不会吃粗茶淡饭，于是将极力网罗天下美食，衣服车马等一切用度都会日渐奢华。纵欲的心一旦开启，就一发不可收拾了。后来纣王果然如箕子预料的一般，越来越奢侈无度，他贪爱美色，打造酒池肉林。贪婪的欲望如无底洞，一步步将纣王引向深渊。

因此历史上为什么常有知法犯法，自我毁灭的事发生呢？中国古人给出了答案——私心作祟。私心常常表现为对物质享受的贪求，这种贪求污染人的心灵，与法律所倡导的公正精神相违背。中国古代法家经典《管子》对此进行了专门论述，《管子》认为圣明的君主应当依靠法律而不依靠私意，法律就像日月一样昭明，普照四方，又如同四时一样运转有信，代表了公意。如果君主纵容自己的私心，就会被私心蒙蔽，好比一叶障目，只能看到自己的欲

《管子》

《管子》非一人所作，成书亦非一时，是一部包含法、儒、道、兵、农、阴阳、轻重等各家学说的论文集，今存76篇。《管子》一书侧重法家，认为法律是治理国家的准则，即便是有明智高行的圣人也不能废离。

望，而对公意有所不能见，有所不能听，这样君主就很难尽到自己的本分，臣子也会迷惑不清，委弃公意而去迎合君主的私心。这将导致社会各个阶层都以自己的私心侵害国法，致使天下大乱，百姓蒙难。

历史上奉公守法的官吏大都格外重视防范私欲的发生，春秋时期鲁国宰相公仪休喜欢吃鱼，一次有客人来访并带来两条鱼送给他，公仪休坚决不接受。他的学生在旁看到，感到十分疑惑，因为两条鱼并非什么贵重的礼物，即便接受了也无伤大雅，何必执意回绝客人的好意呢？公仪休回答说："正是因为我爱吃鱼，所以坚决不能接受别人送的鱼。两条鱼虽然事小，但会勾动我贪小利的心，小利面前不能克制，在大利面前就更难把持了。况且我身为鲁相，应该秉公办事。如果我接受了客人的礼物，将来处理政务时，念及客人的情义，难免会对他区别对待，甚至为他徇私枉法，以致最终事情败露，被罢官免职，成为

公仪休

公仪休，春秋时期鲁国人，因才学优异而选为鲁国宰相，门下弟子众多。为人公正廉洁，以身作则，带动鲁国百官自发端正品行。

《道德经》

《道德经》为老子所著哲学经典，是中国道家主要经典之一，以“道”为天地万物的初始状态，崇尚“道法自然”，分《德经》《道经》两篇，共81章，5000余字。全书充满了阴阳对立统一的辨证思想，文意深奥，内容广博，对中国传统思想影响极大。

杨震

杨震（？—公元124年），字伯起，东汉名臣，历任荆州刺史、东莱太守，官至太尉。杨震博览群书，通晓诸典，被称为“关西孔子”。为官清正廉洁，不屈权贵，曾数次上书指摘时弊。

阶下囚，那我以后还有鱼可吃吗？”不仅如此，公仪休还不允许家人种菜、织布，因为在他看来，国家给自己的俸禄足够用于日常生活的开支，已经有了充足的收入还要自种自织，这是与菜农、织女争小利的行为。中国哲学名著《道德经》有句话说，合抱的大树是由小树苗生长而来的；九层高的高台是由每一抔土积累而来的。公仪休对待小利如此谨慎，正是因为他认识到，大贪往往起于小贪，小贪往往隐藏在细微之处。

对于小利要格外的审慎，面对大利更要坚定果决。东汉名臣杨震曾举荐过昌邑县令王密，对他有恩。有一次，杨震途经昌邑县，王密专门选在晚上约见了他，并怀揣十斤黄金想要“报恩”。杨震果断拒绝了他。两个人的对话很有意思，杨震说：“我知道你，你怎么不知道我呢？”王密回：“夜色正浓，没人知道。”杨震说：“天知道，神知道，我知道，你知道，怎么叫没人知道！”王密听后，羞愧地走了。这段对话的言外之意是，杨震想表明自己举荐王密不是为了图报，而是因为相信他有当县令的才能。王密却以小人之心度君子之腹，以为杨震在假意回绝，于是暗示自己专门挑晚上送金，不会有人知道。杨震正色凛然地告诉王密，事情再隐秘也瞒不过天地良心，自己不接受黄金，不是怕外人知道后举报自己，而是怕对不起自己的良心。杨震所处的时代内有太后专政，宦官争权；外有外戚觊觎朝政，天下混乱。但杨震坚定地守护着自己的一片公心，他一生过着俭朴的生活，子女们受他影响，也厉行俭朴，衣食住行和普通百姓一样。有人劝杨震为后代子孙置办一些产业，杨震哈哈大笑，说道：“让后世称他们为清白官吏的后代，这个遗产还不够丰厚吗？”

中国培养正直官吏的方法就是抑制官吏私心的萌发，

《大学》

《大学》是儒家基本经典“四书”之一，至今已流传2000多年，阐述了个人道德修养和治国平天下相一致的道理。宋朝以后《大学》成为科举考试的必读书。

中国古代官吏必读书《大学》中说到，卿大夫之家不要畜养牛羊，诸侯之家不要做聚敛钱财的事。因为执政者的本职在于奉公执法，如果心思用在为己谋私利上，既妨害公心，也难免会以权谋私。

中国共产党自成立以来，格外注重严守这条“戒律”，因为共产党的权利是人民赋予的，共产党的性质和宗旨决定了党员干部要权为民用，利为民谋。这就要求党员干部更要严防私心私利。1939年，毛泽东同志曾撰文号召共产党员学习“毫无自私自利之心”的精神，认为这样的人才能称得上是高尚的人、有益于人民的人。解放战争期间具有全军约束作用的“三大纪律”就明确制定了“不拿群众一针一线”这样防范小利的规定，针线虽小，但如果贪为己有就与“全心全意为人民服务”的公心相违背了。

1988年，时任福建省宁德地委书记的习近平曾在考察时告诫官员，“如果觉得当干部不合算，可以辞职去经商搞实业，但千万不要既想当官又想发财，还要利用手中权力谋取私利。官商结合必然导致官僚主义。”这句话正是对“做官不许贪利”这一传统理念的生动解读。习近平之所以作此强调，是因为当时正值改革开放初期，中国经济面貌发生了翻天覆地的变化。福建省所在的沿海地区兴起了下海经商潮，有许多领导干部辞掉公职转而去经商，赚得了大笔财富。“榜样”的力量让许多领导干部蠢蠢欲动，勾起了内心贪利的欲望。习近平认为，追求财富是人之常情，但政府职务的特殊性，要求领导干部不可以既想当官又想发财，只要还在公门一天，就应当守好自己的本分，抵制外界诱惑，在动机和行为上禁止以权谋私、危害公正等违法事件的发生。

可以说在中国，当官向来是个“苦差事”，既然穿上了这身官袍，进了公门，就不要再想着一己私利。中国古人常说的“为官一任造福一方”“瘦一人而肥天下”，就是强调了官员的无私奉献和职责所在。尤其在当代的中国，吃苦在前、享受在后，勤奋工作、廉洁奉公既是人民事业对领导干部的必然要求，也是作为领导干部所应有的觉悟。

复国功臣，公忠体国

历史记载

初，李国贞治军严，朔方将士不乐，皆思郭子仪，故王元振因之作乱。子仪至军，元振自以为功，子仪曰："汝临贼境，辄害主将，若贼乘其衅[①]，无绛州矣。吾为宰相，岂受一卒之私邪！"五月，庚辰，收元振及其同谋四十人，皆杀之。辛云京闻之，亦推按杀邓景山者数十人，诛之。由是河东诸镇率皆奉法。

——《资治通鉴·唐纪三十八》

甲午，郭子仪禁无故军中走马。南阳夫人乳母之子犯禁，都虞候杖杀之。诸子泣诉子仪，且言都虞候之横，子仪叱遣之。明日，以事语僚佐而叹息曰："子仪诸子，皆奴才也。不赏父之都虞候而惜母之乳母子，非奴才而何！"

——《资治通鉴·唐纪四十》

①衅：间隙。

再造王室，勋高一代。及国威复振，羣[①]小肆谗，位重恳辞，失宠无怨。不幸危而邀君父，不挟憾以报仇雠，晏然[②]效忠，有死无二，诚大雅君子，社稷纯臣。自秦、汉已还，勋力之盛，无与伦比。

——《旧唐书·郭子仪传》

私心一方面表现为贪求物质享受，一方面表现为顺从私情：要么对亲朋好友“法外开恩”、格外关照，要么把私人恩怨置于公务之上。有时候私情的危害比私力更大，因为私情往往损害的是社会公正性，造成同样的规则对不同人的约束力不一致的现象。徇私情的人权利力越大，就越从根本上瓦解了法律的基本原则。中国历史上不徇私情的榜样，当首推唐朝复国功臣郭子仪，可以说是中国历史上绝无仅有的人物。作为人臣，他几度复国再造；功高震主，却权倾天下而主不疑。郭子仪能建立这样大的功勋，正是因为他从不顾及私情，以国家为第一位，以法治为第一位，立身处世时刻保有一片公心。

---

②羣：“群”异体字。

③晏然：安适。

郭子仪

郭子仪（公元697年—公元781年），唐朝名臣，辅佐四朝皇帝，先后平定两河地区，收复两都，平定河中兵变，驱逐吐蕃，抵御仆固怀恩叛乱，回退回纥大军，功勋卓著，受封汾阳王。为人公正、忠直、宽厚，国家有难应诏而往，国家无事散兵闲居，集富贵寿考于一身，是中兴唐朝的传奇人物。

唐玄宗

唐玄宗李隆基（公元685年—公元762年），又称唐明皇，唐朝第8位皇帝。在位前期勤于政事，任用贤臣，开创唐朝顶峰——开元盛世。后期倦怠朝政，奢侈无度，宠信奸臣，贪恋女色。安史之乱时逃亡四川，后返回长安，抑郁而终。

郭子仪所处的时代，正值唐玄宗一手缔造开元盛世，此时唐朝国力达到空前鼎盛。这时全国经济繁荣，农业丰产，人口达7000万人，全国开垦耕种面积达6.6亿亩。玄宗一朝人才济济，姚崇、宋璟、张说、张九龄等贤才依任宰相，群臣励精图治精简朝政，大开言路，赏罚分明，确立严格的官吏考核制度，政治局面一派欣欣向荣。强大的国力，精炼的官吏队伍，经济生产的空前发展也促进了文化的大繁荣。开元年间国家广罗古籍，藏书5万余卷。民间也极为重视文教，儒释道三家相互借鉴，兼容并包。天文历法、地理测算等科技在当时也有很大进步。文化的繁荣促进艺术作品井喷般发展，著名诗人高适、王维、杜甫、李白均生活在这个时代。唐朝引领世界文明的同时，也促进了国际间的文化交流。彼时欧亚各国纷纷来朝，派遣留学生学习唐朝先进的制度文化，高峰时前来学习的国家达300余。然而，中国有句古话说得好，“成由节俭败由奢”，面对承平日久的社会，玄宗渐渐懈怠，开始疏忽朝政，贪图享受。杨贵妃作为他最宠爱的妃子，也愈发耽于享乐，仅侍弄服饰的仆人就有700多人。在超越法度的恩宠之下，杨贵妃很多亲属都借势攀上高位。君主的昏庸导致国家法治混乱，此时贤臣退位，奸臣当朝，藩镇军权臃肿，社会矛盾激发，盛世之下暗藏危机。公元755年，安禄山、史思明在范阳起兵，接连攻陷东都洛阳和首都长安，玄宗被迫出逃，唐朝基业危如累卵。这时候挺身而起、挽救唐朝命运的，正是郭子仪。

安史之乱爆发时，郭子仪正在家为母亲守孝，他临危受命，迅速整振军马，扭转叛军势如破竹的进攻趋势，收复两河地区，与叛军形成对峙。在叛军已攻克东都洛阳和首都长安的危局下，郭子仪率军背水一战，接连收复两

唐肃宗

唐肃宗（公元711年—公元762年），唐朝第9位皇帝，在位6年。安史之乱后唐玄宗退位，肃宗在首都以外登基即位。安史之乱末期病危，病榻前将国家大事托付给郭子仪。

唐代宗

唐代宗李豫（公元727年—公元779年），唐朝第10位皇帝，在位17年。

吐蕃

吐蕃，公元7—9世纪古代藏族在青藏高原建立的政权，延续两百多年。回纥，古代北方少数民族之一，是维吾尔族的祖先，公元8—9世纪建立回纥汗国，曾帮助唐朝平定安史之乱。党项，古代北方少数民族之一，公元11—13世纪建立西夏王朝。

都，将战时皇帝唐肃宗迎回长安。肃宗派军士盛装迎接郭子仪班师回朝，感慨地说道："这国家虽然是我的天下，却是由你重建的啊！"这是郭子仪第一次立下复国功勋。6年后，唐王朝又遭吐蕃入侵，长安再被攻破，时任皇帝唐代宗出逃。此前郭子仪因谗言而被罢免兵权，在家养老。国家再逢危难之时，66岁的郭子仪迅速召集身边仅有的20名骑兵赶赴前线。他边了解战况边集合逃散兵士，仅15日就再次收复长安。第二年，叛将仆固怀恩引诱吐蕃、回纥、党项再次入侵，郭子仪几乎凭一人之力瓦解了联军，使国家转危为安。安史之乱爆发以来的20年间，唐朝历任玄宗、肃宗、代宗三代皇帝，国家安危系于郭子仪一肩之上。

郭子仪如此公忠体国，毫不顾虑个人安危，就在于他能摒除私怨、私情。李光弼是平定安史之乱的功臣之一，因为军事思想上意见不一致，私下和郭子仪有些矛盾。安史之乱刚刚爆发时，玄宗访求良将，郭子仪抛下个人私怨，第一时间举荐李光弼担任主将。郭子仪坦率的做法让李光弼十分感动，于是二人尽释前嫌，以国家利益为重，携手抗击敌军。宦官鱼朝恩随军出征，他一向心胸狭小，嫉妒贤才，稍有军功就揽到自己身上，一旦战事失利就把责任推给郭子仪，甚至几次在皇帝面前进谗言毁谤，想要陷害他。有一次郭子仪父亲坟墓被人挖掘，虽然罪犯没被擒获，但大家都心知肚明是鱼朝恩指示的，目的就是为了让郭子仪在天下人面前出丑，这在当时是极大的侮辱。这时候郭子仪正在前线抵挡叛军，为避免引起朝中内乱，郭子仪选择不计较这件事。后来鱼朝恩在家设宴邀请郭子

李光弼

李光弼（公元708年—公元764年），契丹人，安史之乱时期与郭子仪齐名的名将，治兵有方，善于出奇制胜。吐蕃进攻长安时因畏惧鱼朝恩等谗言诋毁而不敢发兵救援，后愧疚、忧郁成疾而病逝。

鱼朝恩

鱼朝恩（公元722年—公元770年），肃宗、代宗时期专权宦官。安史之乱时任监军，数次进谗言中伤功臣，扰乱军事。

仪，身边人劝告郭子仪不要前往，以防鱼朝恩趁机加害。郭子仪没有听从劝告，仅带着十几名家僮赴宴，以表示对鱼朝恩没有疑心。鱼朝恩见状大为触动，流泪痛哭。

《管子》将理想的执政者所应具备的品格称为“言室满室，言堂满堂”。这句话是指，在一室说话，因为心中没有私念，言语没有违背公正的话，声音可以让全室人听到。这是一种坦然为天下公的高尚品行。郭子仪平日在家把府门大开，任人随意进出从不查问。有人对此十分不解。郭子仪回答说：“我位居人臣之极，功勋高到顶点，难免会有人怀疑我对朝廷有异心，甚至进谗言诬蔑。我将门户大开，正是表明我毫无二心，府中没有一件事不能让别人知道啊！”郭子仪如此公正无私，他的形象已化身为某种精神，触动人心，也触动了敌人。仆固怀恩反叛时联合回纥等各方大军进攻唐朝，此时大军压境情况危急，68岁的郭子仪仅率数十骑兵直入回纥军营。回纥军士大惊失色，转而高呼“郭令公来了！”纷纷丢掉兵器跪拜。郭子仪正色凛然，当面斥责回纥首领。回纥首领非常惭愧，说道：“仆固怀恩欺骗我，说您已经过世，我们这才敢来犯，早知您还在世，我们难敢造次呢？”于是当即撤兵。

在非分的财物面前，做到不贪为己有，可能还比较容易，因为有严明的法律条文规定，后果可测可见，让人因为畏惧而不敢造作。但在私情面前，想要秉持公正，就要难上加难。郭子仪作为彪炳千古的不世功臣，总结他的修养秘诀，就在于对私情把持严格。正因为如此，当国家面临危难的时候，郭子仪才靠得住，才能以一颗为国的公心数次挽救危亡。如同郭子仪一般，中国几千年来每当遭逢灾难，总会有不计较个人私利、私情的仁人义士挺身而出。南宋文天祥，为抵御元军入侵，摇旗呐喊，高呼道：“人生自古谁无死？留取丹心照汗青。”瓦剌大军逼境之际，明朝于谦力排众议，保家卫国，留下“粉骨碎身全不

唐

怕，要留清白在人间”的千古名句。

中国共产党在继承中国古人公私观的基础上，发展出符合中国执政道路的公私观念。早在1939年，刘少奇同志先后在延安马列学院做了两次演讲，并将演讲稿整理为《论共产党员的修养》一书。在这本书中，刘少奇着重探讨了共产党员的公私观，认为公心就是服从阶级解放和民族解放的、共产主义的、社会发展的利益，在利益面前可以考验一个人是真正具有公心，还是带有私心。针对当时共产党员中存在的个人主义、自私自利等问题，刘少奇认为应当通过严格遵守党内纪律，提升党员道德修养和思想境界来排除那些恶浊的东西。这本书一经出版，迅速成为党内的必学文件，在1941年、1949年、1962年、1980年多次再版，成为党内整风运动的重要指导文献。可以说，共产党人眼中的公心，就是把公共利益和人民群众的安危放在第一位，所谓私心就是谋求个人或小团体利益。公与私之间，关乎执政党的公信力和国家的长治久安。而在公私之间起到引导、规范作用的就是法律的力量，各级领导干部要带头依法办事，带头遵守法律，做到法律面前不为私心所扰、不为人情所困、不为关系所累、不为利益所惑。纵观古今，中国的法治进化史就是一部公与私作斗争的历史，去私抑邪，存心公正的精神随着历史长河流淌至今，滋润着每一个中国人的心灵，塑造了当代中国共产党的执政灵魂。

清官海瑞，自历刚峰

历史记载

署[①]南平教谕。御史诣学宫，属吏咸伏谒，瑞独长揖，曰："台谒当以属礼，此堂，师长教士地，不当屈。"迁淳安知县。布袍脱粟，令老仆艺[②]蔬自给……都御史鄢懋卿行部过，供具甚薄，抗言邑小不足容车马。懋卿恚甚。然素闻瑞名，为敛威去。

时世宗享国日久，不亲朝，深居西苑，专意斋醮……瑞独上疏曰：（陛下）妄念牵之而去，反刚明之质而误用之……二十余年不视朝，法纪弛矣……用人而必欲其唯言莫违，此陛下之计左也……今大臣持禄[③]而好谀，小臣畏罪而结舌，臣不胜愤恨。

三年夏，以右佥都御史巡抚应天十府。属吏惮其威，墨者[④]多自免去。有势家朱丹其门，闻瑞至，黝[⑤]之……

①署：任职。

②艺：种植。

③持禄：居官位而不尽职。

④墨者：贪官。

⑤黝：涂黑。

素疾大户兼并，力摧豪强，抚穷弱。贫民田入于富室者，率夺还之。徐阶罢相里居，按问其家无少贷①……又裁节邮传②冗费。士大夫出其境率不得供顿。

卒时，佥都御史王用汲入视，葛帏③敝籯④，有寒士所不堪者。因泣下，醵金⑤为敛。小民罢市。丧出江上，白衣冠送者夹岸，酹而哭者百里不绝。

——《明史·海瑞传》

明朝开国皇帝明太祖朱元璋最为痛恨贪官污吏，他认为官吏队伍最大的问题就是贪污腐败，这种弊政不能革除，想要得到一个清明的政治环境是不可能的。治理贪腐问题最有力的手段就是依靠法治，因此明太祖常说“纪纲法度，为治之本。”即认为法治是治理国家的根本。明朝针对贪官的法律是最为严苛的，凡有贪污一律发配边境充军，贪污60两以上即处死刑，就连官员出差携带的私人物

---

①贷：宽免。

②邮传：驿馆。

③葛帏：葛布所制的帷帐。

④敝籯：破旧的竹箱。籯，音yíng。

⑤醵金：凑钱。醵，音jù。

明世宗

明世宗（公元1507年—公元1567年）即朱厚熜，明朝第11位皇帝，年号嘉靖。在位初期励精图治，开创了嘉靖中兴的局面。

品重量都有严格的规定。严酷的法律，加上皇帝本人带头执行，再配合严格的官员考核制度，一时间文武百官因为畏惧惩罚而不敢贪污，贪腐整治收到立竿见影的效果。

然而明太祖自以为可保万世无忧的法律制度，到明世宗时就出现了问题。明世宗长期不理朝政，将朝政大权交给严嵩等权臣，他本人则痴迷于修仙法术，妄求长生不老，不断修建斋醮等修仙用的建筑，浪费了大量的民力民财。明世宗还十分固执、傲慢，听不进建议，最反感大臣们指责他修仙。群臣为求自保，只得迎合皇帝喜好，歌功颂德，没有人敢直言规劝皇帝。此时户部一个六品小官突然向皇帝呈上一篇奏疏，奏疏名为《治安疏》，意思是为保国家长治久安，欲“直言天下第一事”。他将国家日益混乱的根源归结于皇帝本人，指责皇帝20年不管国事，一意修仙，用人失当，行事不依法律，只滥用个人的私意，导致国家法治混乱，大官贪

海瑞

海瑞（公元1514年—公元1587年），字汝贤，自号刚峰。他为官清廉，打击豪强，严惩贪官，为民争利，是中国历史上最著名的清官之一。

比干

比干，商末宰相，商纣王的叔叔。纣王昏庸无道，不听谏言，身边重臣大都逃遁。比干认为君主有过不去强谏，愧对百姓，于是以死相谏。纣王大怒，将比干处死。

墨，小官骄横，民间盗贼猖獗。这个敢为天下先的“硬骨头”正是海瑞。明世宗看到奏章雷霆震怒，下令立即抓捕海瑞，告诫左右千万不要让海瑞跑掉了。身旁的宦官见状，犹豫片刻告诉明世宗，海瑞在上奏章之前，知道一定会触怒皇上，于是买了一口棺材，和妻子儿女告别，在家等死，所以他是肯定不会逃跑的。明世宗听后沉默不语，又把海瑞的奏章反复看了几次，叹息道：“这个人可与比干相比，但我不是商纣王。”

海瑞自号刚峰，他刚正不阿的品质是骨子里的。少年时的海瑞就写下《严师教戒》一文，表明自己的心志。

文中写道：要在物欲横流的世界中做中流砥柱，绝不贪图钱财，绝不贪享私欲，绝不趋炎附势，绝不只做口头功夫。在天地之间长养浩然正气，学圣贤，做大丈夫，独行不愧影，独寝不愧衾。海瑞早年仕途不畅，年近40岁才被选派为南平县教谕，相当于县学的校长。他到任后重新制定了学校的规章制度，以整顿校风校纪，严禁教师额外索取学生钱财、偷改试卷，教育师生要有骨气。海瑞自己也以身作则，一次，督学到学校视察，所有的教员都行面见长官的跪拜礼，海瑞认为学校是教育的场所，应以教师为重，于是仅行一般的作揖礼，像一副笔架一样直立不屈。自此，海瑞有了一个"海笔架"的绰号。8年后，48岁的海瑞被任命为淳安知县，这才算正式踏入仕途。当时官场流行一种"常例"，即是各路官员公干路过某地，都由当地负责"招待"，供应车马饮食等费用，这些额外费用当然出自百姓的赋税。淳安处在交通要道，各地官役往来不绝，频繁支出"常例"导致赋税繁重，百姓不堪其扰，逃亡者过半。海瑞到任后随即颁布《兴革条例》，革除一切陋习，裁减冗余费用，减轻百姓负担。

海瑞在淳安的治理成就受到上司的赏识，4年后海瑞升任户部云南司主事，随后就发生了海瑞上奏《治安

明穆宗

明穆宗（公元1537年—公元1572年）即朱载坖，明朝第12位皇帝，年号隆庆，在位6年。明穆宗即位后，革除前朝弊政，任用贤臣，使明朝国运中兴，社会稳定，经济发展，史称隆庆新政。

疏》事件，一时间海瑞名震朝野，轰动天下。不久明世宗驾崩，明穆宗即位。明穆宗欣赏海瑞的为人，升他为巡抚，下辖应天等江南最富庶的地区。海瑞将淳安的治理经验搬到江南，再度裁减公务费用，制定了严格的开支标准，并严令禁止官员之间请客送礼。他疾恶如仇，人送外号“海阎王”，许多贪官因害怕海瑞的威严纷纷自动辞职。当地有些权贵为显摆势力，把自家大门涂成红色，这在当时是违反法制的行为。但当他们听说鼎鼎大名的海瑞来这里任职，又偷偷把大门漆回黑色。对贪官是“海阎王”，对百姓而言却是“海青天”。有些权贵利用权威霸占百姓田地，海瑞为民做主，一一核验实情，把百姓的田地全部归还。

海瑞一时成了廉洁奉公的代名词，成为各级官员崇拜的偶像。在海瑞家乡，有个官员非常仰慕他，在计算

明神宗

明神宗（公元1537年—公元1572年）即朱翊钧，明朝第13位皇帝，年号万历，在位48年。

赋税时少算了海家些许，海瑞知道后立即纠正，绝不愿意贪图国家一丝便宜。明神宗即位后，器重海瑞，任他为南京吏部右侍郎，官居正三品，已年逾70的海瑞不顾身体衰弱，欣然赴任。在南京任上，海瑞依旧下令严禁官员摊派、骚扰百姓，上疏皇帝严惩贪官。但海瑞毕竟已年老体弱，2年后病故在南京。噩耗传出，百姓号哭不已，纷纷为他送行，灵柩一路沿江运送，江岸两旁自愿为他戴孝送终的百姓连绵百里不绝。

毛泽东同志熟读《明史》，对海瑞这个历史人物非常推崇。在1959年4月上海会议期间，毛泽东大力提倡“海瑞精神”，号召大家向他学习。中国人善于总结历史，在历史中获取饱含历史厚度和深度的治理经验。中国共产党作为中国历史文化的继任者和开拓者，将“海瑞精神”凝结成自身廉政思想的力量源泉。在“海瑞精神”的教育下，不扰民，不铺张浪费，不搞私下宴请，成了中国人远离贪腐，避免祸根的为官准则。

2012年中国政府推出“八项规定”，严格精简会议活动，规范出访规格，厉行勤俭节约。在住房、配车、餐饮、迎送仪式等方面均有详细规定。规定提出后又以法律法规进行保障，凡违反“八项规定”的领导干部一律受到公开通报处分。“八项规定”让形式主义少了，官僚主义轻了，享乐主义制止了，领导干部队伍离老百姓越来越近了。

党的十九大后全面从严治党依然从落实中央八项规定开局，落实八项规定精神依然从中央政治局抓起，彰显了以习近平同志为核心的党中央矢志不改的初心和坚如磐石的决心。从善如登，从恶如崩。按照十九大要求和党中央部署，发扬钉钉子精神，紧盯享乐主义和奢靡之风，加大纠正形式主义、官僚主义力度，巩固和拓展落实中央八项规定精神成果，使中央八项规定精神化作每个党员干部的自觉行动、行为习惯，确保党同人民想在一起、干在一起，始终保持党同人民群众的血肉联系。

第一廉吏，弭盗安民

历史记载

二十三年，上南巡至江宁，嘉成龙廉洁，亲书手卷赐之。超擢安徽按察使……二十五年二月，授成龙直隶巡抚。入对，上问：“治畿辅利弊应兴革者宜何先？”成龙对：“弭[①]盗为先。奸宄[②]倚旗下为渊薮[③]，有司莫敢谁何，臣当执法治之。”……先后捕治旗丁沈颠、太监张进升及大盗司九、张破楼子等，置於法。

——《清史稿·于成龙传》

海寇犯漳、泉，有莠民[④]通海，起大狱，株连千余家。公平反之。满兵掠浙东子女，没为奴婢者数万。公赎还之。王与诸大府素知公名，公所言靡不听。迁布政使。举清官第一，巡抚直隶，再迁两江总督。官吏望风改操。

---

①弭：平息。

②奸宄：乱在外为奸，乱在内为宄。宄，音guǐ。

③渊薮：聚集。薮，音sǒu。

④莠民：恶民。

知公好微行[1]，遇白髯伟貌者，群相指震慑。士民有欢笑，无管弦游惰，不空手，柜坊无锁……公清介绝俗，重门洞开，白事官吏，直入寝室。

——清·袁枚《于清瑞公传》

清朝廉吏于成龙是和海瑞齐名的人物，与海瑞的人生历程颇有相似之处——同样人到中年才正式步入仕途，同样以清廉美名显耀于世，同样痛惩贪官为百姓伸张正义。于成龙出生在明朝末年，成长在清朝初期，他身经两朝，遭逢战乱，深知民间疾苦。年少时看不惯考场公然行贿受贿，在试卷上痛批时弊，因此一直没有功名。直到改朝换代，清政府在全国网罗人才，44岁的于成龙才被选拔为罗

于成龙

于成龙（公元1617年—公元1684年），字北溟，清初著名清官，曾三次被选为“卓异”。历任知县、知州、知府，由基层直至地方总督。于成龙为官清廉，生活俭朴，康熙帝称赞其为“清官第一”“天下第一廉吏”，号召群臣以他为榜样。

①微行：私访。

城知县。罗城地处西南边陲，距离于成龙家乡数千公里之遥，该地高山连绵起伏，毒瘴漫天，又是少数民族聚集地区，民情复杂，语言难通，在当时可谓是绝境。亲友都劝于成龙不要赴任，于成龙坚辞拒绝。在给朋友的回信中他写道："我此行绝不为自身富贵前途考虑，只为'天理良心'。"何谓天理良心，在于成龙看来就是公心为民。罗城前两任县令一死一逃，当地久无人治理，抢劫、盗窃现象严重，百姓苦不堪言。

罗城至今仍保留着于成龙居住的几间土房，成为2017年上映的同名电视剧的取景地之一。于成龙到罗城时城中遍地荒草，百姓仅剩余6户，县衙门也只是几间破败的茅屋，连门窗都没有。面对艰苦的生活，于成龙没有退缩，他聚土为桌，挖坑为灶，暂时安顿下来。让老百姓过上安宁的生活是于成龙的首要任务，他严格审查抢劫、盗窃案件，带兵剿灭贼匪巢穴，同时宽减百姓徭役，兴办教育。在罗城7年，全县面貌有了显著改观。当地百姓打心底感激他，每天早晚请安，如同儿子侍奉父亲。以往县令总是变着法儿地向百姓讨要钱财，于成龙不仅不这样做，生活甚至比一般百姓还清苦。于成龙在罗城治理有方，成了全省楷模，总督举荐他为"卓异"，接连升任合州、黄州长

官。赴任那天，罗城人号哭相送数百里。

黄州同是盗贼横行，甚至更甚罗城，盗贼经常在白天公然抢劫，没有人敢制止。于成龙深知盗情错综复杂，他毫不考虑个人安危，化装成乞丐，深入盗贼内部，观察他们的行迹，待掌握足够证据后一举拿下。如此种种，当地终于重获安宁。此时于成龙所追求的天理良心正是对法治社会的憧憬，秉公执法的于成龙正气凛然，如同神明一般不可侵犯。

于成龙最痛恨当时官场“大搞排场”的不良风气，在他升任总督时，按照“惯例”，应有大批差役随行，沿途各地官府要安排接送。于成龙为回避这些官场陋习，自己雇了辆马车，低调赴任。等沿路的各地官员反应过来，他已经到属地了。于成龙衣内藏着一个布袋，用于收集查盗找到的线索。等他成为总督，这个布袋又成了查贪官的利器。他常常微服私行，深入各地了解情况，将亲眼见到、亲耳听到的贪腐现象暗暗记下，回官府后一一查验。一时间，大小贪官人人胆寒，见到状若于成龙的清瘦老者，无不战战兢兢，生怕是于成龙“化身”前来考察的。在对当地情况有了足够了解后，于成龙针对性地颁布以“勤抚恤、慎刑法，绝贿赂，杜私派，严征收，崇节俭”为内容的《新民官自省六戒》，严令禁止以权谋私、行贿受贿、请客送礼等行为。在于成龙的治理下，当地社会风气有了很大的改良。

于成龙虽然对盗贼、贪官十分严厉，但对百姓却如同慈父一般爱护。在他任福建按察使时，朝廷实施海禁。当地官吏以违反海禁的名义随意逮捕渔民，许多案件多有疑点，牵连无辜百姓达数千人。于成龙为维护公正，洗刷冤情，亲自审查疑案，无辜百姓最终得以幸免。后来当地发生叛乱，许多良民子女在战乱中被劫为奴隶。于成龙多方募捐，为这些百姓赎身，让他们各自回家。有些年龄尚小的，就暂时把他们收养起来，累积数十人后一并派人送归家乡。

无论在罗城还是在南京，无论是县令小官还是总督大员，于成龙终生保持廉洁作风。他认为做官最重要的品质就是俭朴，倡导俭朴首先要从自身做起。他与仆人共饮食，烧青菜、吃粗粮，“终年不知肉味”。总督府内，除几件衣服、一口锅、书籍数十册外，别无他物。于成龙去世时，各地政府大员纷纷赶来吊唁，见到室内布置如此简单，于成龙遗留的财产仅有几罐粗米和腌制的豆豉时，无不为之动容。衙门内官吏受他感染也力行俭朴，平时只采

鲁迅

鲁迅（公元1881年—公元1936年），原名周树人，鲁迅是他的笔名。中国近代著名文学家、思想家、革命家，中国现代文学的奠基人。

衙门后院的槐树叶当茶叶喝，天长日久将槐树都采秃了。康熙帝听说他的事迹后大加赞赏，对左右大臣说：“做官最应以清廉为尚，天下官员都清廉了，老百姓的日子就好过了。”于是下令群臣以于成龙为榜样，并以于成龙作为鉴定官吏是否优良的标准。

中国近代革命家鲁迅先生有句话说，“我们从古以来，就有埋头苦干的人，有拼命硬干的人，有为民请命的人，有舍身求法的人……这就是中国的脊梁。”海瑞、于成龙都是从基层崛起的一代清官，他们深入群众，为民解忧。他们是一个时代的风骨，是扛起中国法治大任的民族脊梁。仔细揣摩，可以看到他们身上有着共同的品质——一股正气，这股正气来自对自我的严格约束，这是自律的功夫。当个好官在中国向来是清苦的事，权力越大，对私心的诱惑也就越多，诱惑越多就越是要发勇猛心，在生活上就表现为饮食住卧的俭朴。《韩非子》中有句话：“贪如火，不遏则燎原；欲如水，不止则滔天。”中国传统文化历来把自律看作做人、做事、做官的基础和根本。

新中国成立以后，各地涌现出一批批海瑞、于成龙这样的“县令”，其中的代表人物就是焦裕禄。他严格要求自己，与百姓同吃同住同劳动，在那个缺衣少食的年代，他的生活更加俭朴，衣服总是缝了又缝，补了又补。他坚决不搞特殊，一次儿子去看戏，收票员见他是县委书记的儿子，没有要他的票，焦裕禄又专门找过去把票钱补足。这虽然是一件小事，但正是这样一位谨小慎微的父母官，带领群众战胜了当地的自然灾害，使老百姓得以安居乐业，生产致富。数十年来中国各界发起一次又一次学习焦裕禄的活动，习近平总书记曾多次撰文号召全体官员学

焦裕禄

焦裕禄（公元1922年—公元1964年），原河南省兰考县委书记，新中国干部楷模。他亲民爱民、无私奉献的精神被称为“焦裕禄”精神，影响了无数后来人。1964年，年仅42岁的焦裕禄因积劳成疾罹患肝癌，不幸病逝，临终时要求把自己埋葬在治理风沙的沙滩上，生死不离工作岗位。

习焦裕禄，称焦裕禄是“亿万人们心中一座永不磨灭的丰碑，永远是鼓舞我们艰苦奋斗、执政为民的强大思想动力”。焦裕禄接过海瑞、于成龙的接力棒成了新中国的模范“县令”，让以身作则、守法自正的精神生长在每一位中国人的心中。

第四章

谨慎行法，刑期无刑

法所贵在适当，不在残虐；法所重在劝诫，不在惩戒。中国传统法治精髓中最具特色的就是慎法思想。慎法在心理层面即是哀矜体恤，在执法层面即是决疑不辜，在制度层面即是宽免慎杀。慎法思想体现了古老中国的人文关怀，是对人之生命权和生存权的充分尊重。慎法的终极价值指归在于通过教育，使人人良善，刑设而不用。当代中国汲取历史养分，走出了一条独具中国特色的法治道路，认为法治、德治不可偏废，要在司法各环节贯穿价值引领，法规条令之中亦应有深厚的人间温情。

明德慎罚，哀矜体恤

历史记载

季羔为卫之士师，刖[①]人之足。俄而卫有蒯聩之乱，季羔逃之。走郭门[②]，刖者守门焉，谓季羔曰："彼有缺。"季羔曰："君子不逾。"又曰："彼有窦[③]。"季羔曰："君子不隧。"又曰："于此有室。"季羔乃入焉。既而追者罢，季羔将去，谓刖者曰："吾不能亏主之法，而亲刖子之足矣。今吾在难，此正子之报怨之时，而逃我者三，何故哉？"刖者曰："断足固我之罪，无可奈何。曩[④]者君治臣以法令，先人后臣，欲臣之免也，臣知之；狱决罪定，临当论刑，君愀然不乐，见君颜色，臣又知之。君岂私臣哉！天生君子，其道固然，此臣之所以悦君也。"孔子闻之曰："善哉为吏！其用法一也。思仁恕

①刖：砍断脚的刑罚。音yuè。
②郭门：外城墙上的城门。
③窦：洞。
④曩：以前。音nǎng。

则树德，加严暴则树怨，公以行之，其子羔乎？”

——《孔子家语·致思》

察疑之政……惟患上不知下……贵不知贱。故人君决狱行刑，患其不明。或无罪被辜，或有罪蒙恕；或强者专辞，或弱者侵怨；或直者被枉，或屈者不伸；或有信而见疑，或有忠而被害，此皆招天之逆气，灾暴之患，祸乱之变。惟明君治狱案刑，问其情辞，如不虚不匿，不枉不弊，观其往来，察其进退，听其声响，瞻其看视。形惧声哀，来疾去迟，还顾吁嗟，此怨结之情不得伸也。下瞻盗视，见怯退还，喘息却听，沉吟腹计，语言失度，来迟去速，不敢反顾，此罪人欲自免也。

——《便宜十六策·察疑》

在中国的法治思想中，最主流、流传时间最久远的思想就是慎法思想，所谓“慎法”就是以审慎的态度对待法律。法律即便再严明也不可能面面俱到，整个执法环节毕竟需要依靠个人来推动。在这个过程中，执法者对证据的搜集、对法令的理解，乃至于个人的态度都至关重要，稍有偏差就可能导致天壤之别。由此产生了慎法的必要。

慎法思想最早的记载可以追溯到3000多年以前的西周时期，周公在送别他的弟弟康叔前往封地时，就曾郑重地告诫他要“明德慎罚”。明德慎罚的主要含义就是刑罚适当，不乱罚、不滥杀，而这4个字也是西周王朝执法的主要指导思想。2000多年前汉宣帝时，司法官路温舒经过吸取秦朝用重刑导致亡国的历史教训，向皇帝上奏了著名的《尚德缓刑书》，影响了一国的法治进程。他认为刑罚是关系天下的重大事项，判处死刑的人不能复生，断绝肢体的人不能接续，因此对待刑罚要保持谨慎的态度，建议皇帝宽减刑罚，制止严刑逼供、执法苛刻的不良风气。再比

周公

周公，姬姓，名旦，周文王之子，周武王之弟。曾辅佐周武王讨伐纣王。武王去世后，继任者周成王年幼，周公代成王行政七年，制定礼乐制度，为周朝八百年基业奠定了基础，也对后世儒家文化的发展产生重大影响，被尊为“元圣”。

康叔

康叔，姬姓，名封，周文王之子，因受封于康，故称康叔。后改封于殷商故都朝歌，建立卫国。后因在卫国治理有方，被任命为西周主管司法事宜的司寇一职。任职期间秉公执法，惩恶扬善，获得周成王的嘉奖。

如1200多年前的宋代大儒朱熹就曾提出“明谨用刑”的思想，他认为刑罚人命相关，因此法官执法时要仔细思量，避免审判有误，对于有疑点的罪犯应该从轻发落。

所谓慎法，并不是要求执法官刻意减轻判罚，而是要在执法过程中保持正确的态度。孔子的学生曾子认为执法时正确的态度就是保持怜悯心，不要因为掌握了案情的来龙去脉，觉得自己很有能力而沾沾自喜。曾子同时代的卫国有个法官名叫季羔，他曾依法判处某个罪民断脚刑。不久后卫国发生叛乱，季羔被迫出逃，逃到外城门，发现正是被他判刑的罪民在守城门。罪民告诉季羔，城墙某处有个缺口，季羔说君子不跨墙。罪民又说城墙某处有个洞，季羔回君子不钻洞。最后罪民将季羔带到一间偏房，使他

汉宣帝

汉宣帝（公元前91年—公元前48年），即刘询，西汉第10位皇帝，在位26年。在位期间减轻赋税，平理刑狱，是中国历史上有名的贤君。

朱熹

朱熹（公元1130年—公元1200年），南宋理学家，儒家集大成者，他的理学思想成为元、明、清历朝官方哲学思想，对中国文化发展产生了深远影响。

曾子

曾子（公元前505年—公元前435年），名参，春秋时鲁国人，孔子弟子，儒家重要代表人物之一。曾子以孝闻名，事迹收录在《二十四孝》之中。

季羔

季羔，即高柴，字子羔，春秋时齐国人，孔子弟子。季羔是孔子弟子中从政次数最多、时间最长的人，以为政公正廉明而著称。

得以逃脱叛乱者的追杀。季羔对罪民的帮助感到疑惑，问道："我作为法官不能违反法律，因此亲自判罚你。如今我遇到祸事，不正是你报复我的时候吗，为什么还三次帮助我逃命呢？"罪民回答说："断足是我违法的必然后果，这本无可奈何。但您在审案时，一开始因为我的罪责有疑点，所以先审判他人后审判我，这我看在眼里。等到后来证据确凿罪名成立，临行刑时您愀然不乐，愁容满面，这我也看在眼里。您是有意偏袒我吗？我二人本来就互不相识，您如此做正是因为您是正直君子啊！我由此对您深感敬佩。"孔子听说这件事后对季羔大加赞赏，感慨道："季羔真是好法官啊！他在坚持依靠法律判决的同

时，还以一颗仁恕的心审慎执法，唯恐残害百姓，这才称得上是真正的执法公正啊！”

当然慎法不仅仅表现在态度上，中国千百年来积累了大量的，体现慎法观念的审案方法。2000多年前的儒家经典《周礼·秋官司寇》就记载了“五听”审案法，五听指辞听、色听、气听、耳听、目听。意思是不仅要留心犯人的供词，还要留意于他的神态、面色、语气、气息等等。东汉末年，著名贤相诸葛亮在他的著作《便宜十六策》中论述的审案法，是对“五听”法的解读和发挥。诸葛亮认为，治国理民最忌讳的就是有“疑政”，“疑政”最严重的地方就是在刑狱方面。法官高高在上，囚犯如待宰羔羊，地位悬殊。因此法官往往不能谨慎断案，要么导致无罪蒙冤，要么导致有罪枉恕。这种不公正的审判最招天怒人怨，所以应当一一辨明。

《周礼》

《周礼》又名《周官》，儒家十三经之一，与《仪礼》《礼记》合称“三礼”。《周礼》记载了先秦时期的礼仪制度，内容涉及社会生活的方方面面。

诸葛亮

诸葛亮（公元181年—公元234年），字孔明，号卧龙，三国时期蜀汉丞相。为政勤勉，事必躬亲，赏罚分明，是中国古代贤相的代表人物之一。《便宜十六策》是诸葛亮的军事著作，同时也包含治国理政方面的内容。

当面对一桩案件时，法官要仔细询问犯人案情的来龙去脉，如果犯人言辞恳切，没有遮掩，逻辑通顺。再配合观察他的动作举止，面色神态。假如他声色哀怨，疾步登堂又迟迟不肯退去，退去后仍频频回头呼号，这多半是有冤情不能得伸；假如他言语畏怯，呼吸紧促，频繁思量，答非所问，登堂时左顾右盼，踟蹰缓行，退去时快步疾趋，唯恐不及，这多半是有所隐瞒。诸葛亮这段论述可谓谨慎至极，即便到今天仍有借鉴意义。

中国的慎法思想同样也建立在制度的基础上，通过制度来保障慎法的实现。《周礼·秋官司寇》记载了三刺三宥三赦的制度，所谓“三刺”就是司法官在审判重大案件时要征求其他官员和民众的意见，来核定刑罚的轻重，避免冤案的发生；“三宥”就是要对无知、过失、无意识犯罪进行相应的宽减；“三赦”就是在一定程度上赦免老幼病残的罪过。赦免体现了对特殊群体的人文关怀，汉惠帝时有年70以上、10岁以下可以减轻处罚的规定。汉景帝时年80以上、8岁以下及产妇、残疾人可以免加刑具。《唐律疏议·名例》规定，70岁以上，15岁以下及残疾人轻罪可以赎罪；80岁以上，10岁以下及重病者轻罪可赎罪，死罪可减免；90岁以上，7岁以下死罪可免。此外，中国古代还建立了先进的“存留养亲”制度，就是当判处死刑、徒刑或流放的罪犯家中有年迈的老人或病重患者无人照料时，可以允许罪犯适当缓刑，待他尽到家庭责任后再做处罚。

罪犯即便触犯了法律，被关押在监狱，却仍有做人

汉惠帝

汉惠帝（公元前210年—公元前188年），即刘盈，西汉第2位皇帝。在位期间与民休息，减轻赋税，政治清明。

汉景帝

汉景帝（公元前188年—公元前141年），即刘启，西汉第6位皇帝。在位期间平定“七国”之乱，发展生产，减轻刑罚，与其父汉文帝共同开创了“文景之治”。

的基本权利和尊严，因此应以人道主义原则对待囚犯。中国古人在制度上保障了囚犯生存的基本权利，比如晋朝《狱官令》规定，狱舍应当设备完善、坚固耐用，卧具应舒适。家属自供饮食的，狱卒要保证趁热送达，家远无法供给食物的，由政府提供。天寒时应及时给囚犯加衣，患病时要及时给予医药。明朝《大明令》同样也对如何照顾囚犯的日常起居有详细规定，包括按时清洗狱舍，冬夏供暖、降暑设备的提供，饮食衣着、灯油医药等用具的供给等。囚犯在狱期间，应由监狱保障他的生命安全，《唐律疏议》规定假如狱卒因失误导致囚犯死亡要处徒刑，故意致死的要抵命。宋宁宗时规定，若有囚犯病死在狱中，狱卒等当职官员要处杖责、降级乃至徒刑等处罚。

死刑直接剥夺罪犯的生命，自然是慎法的重中之重。中国古代长期施行死刑复核制度，这一制度成为中国法治思想的精髓之一。最早在汉朝，死刑复核就已具备雏形，郡守以上官员若判处死刑需上报皇帝复核。南北朝时期对死刑愈加重视，魏太武帝规定不仅主要官员，一般百姓的死刑案件都需上报皇帝才能最终决定。至隋朝更是建立了相应的复奏制度，死刑案件需在地方判决后奏请皇帝审核，死刑执行前再奏皇帝复核，死刑执行当日第三次复

宋宁宗

宋宁宗（公元1168年—公元1224年），即赵扩，南宋第4位皇帝，在位30年。

魏太武帝

魏太武帝（公元408年—公元452年），即拓跋焘，鲜卑族，南北朝时期北魏王朝第3位皇帝，在位29年。在位期间减轻赋税，整顿吏治，抚恤孤老，对法制建设极为重视。

核，称为“三复奏”。唐朝时在三复奏基础上，规定京城内死刑案件要复奏五次。明清时期将复奏制度沿革为会审制度，全国死刑案件都需经过中央一众官员联合会审，会审批准后才可执行。死刑犯经过严格讨论，会被分为情实、可矜、缓决、留养承嗣四类，只有情实这一类才会被最终处死。这一制度更加保证了死刑的严肃性和慎重性，在当时大部分死刑犯最终都得以保全生命。死刑复核体现了对人生命权的极高重视，是社会整体文明进步的表现。自2007年起，中国最高法院规定各级法院和军事法院裁决的死刑案件都要由最高法院核准，中国司法开启“慎杀”时代。这一决定即是对中国传统慎法思想的继承，也为新中国冤假错案上了一道“保险”，维护了程序正义，更好地保障了公民权利。

相较于中国古代将死刑复核的权力赋予皇帝个人及部分官员，当代中国将死刑核准权收归于最高法院无疑具有更为成熟的制度保障，维护了程序正义，有效避免了因个人或一部分人的主观因素对法治公正的影响。

除死刑复核外，当代中国法治中还有许多古代慎法思想的影子。被誉为新中国“司法先驱”和“人民司法制度奠基者”的谢觉哉先生，在1959年担任最高人民法院院长后，针对旧社会遗留的刑讯逼供等问题，提出反对“逼”“供”“信”的主张，即是强调在审讯过程中不能使用逼供手段，也不能偏信当事人的主观言辞，而要在全面客观调查事实的基础上，完全依照法律规定裁处。这既是对《周礼》“五听”及《便宜十六策》审案法的继承，更体现了当代中国人对程序正义的探索。在谢觉哉从政的年代，最高法院尚未收回死刑核准权，地方法院判处的死刑案件仅需向最高法院上报即可。谢觉哉坚决反对这种形式上的复核程序，要求地方法院在报告时必须附上案卷，由最高法院进行核查。可以说，2007年最高法院收回死刑核准权正是在他的影响下促成的。基于朱熹等“明谨用刑”的疑罪从无思想，中国在1996年刑事诉讼法修订时吸收、改进了“无罪推定”制度。在2013年10月9日由最高法院出台的意见稿中，更是明确规定了定罪证据不足案件应坚持疑罪从无的原则。

慎法思想反映了中国的人权观，是对中国传统政治思想的制度阐述。中国古人倡导德治，德治的核心是仁恕之道，仁恕之道表现在心理层面上就是季羔展现的哀矜之情。审判案件固然要依法行事，但具备哀矜之情的法官能够更加深刻地理解百姓疾苦，首先在心理层面就杜绝了苛责滥刑的发生。其次仁恕之道表现为对百姓基本权利的尊重，罪犯虽然失去了人身自由，但并不代表可以任意践踏他们其他的合法权利。而生命权是人最重要的权利，即便代表了最高权威的政府机构也不能随意剥夺。中国古代的恤囚制度、复奏制度正是对人基本权利尊重的表现。儒家思想认为，人之初，性本善。即便是罪犯，其内心也同样保有善良本性。虽然一时糊涂走上违法道路，但只要给予恰当的引导，罪犯也能重新成为善良的人。慎法为罪犯的改过自新留下余地，体现了高尚的人道主义关怀，同时也是对法律公平性的有益扩展。

汉帝改制，民赖以生

历史记载

十二月，上曰："法者，治之正也，所以禁暴而率善人也。今犯法已论，而使毋罪之父母妻子同产[①]坐之，及为收帑[②]，朕甚不取……朕闻法正则民悫[③]，罪当则民从。且夫牧民而导之善者，吏也。其既不能导，又以不正之法罪之，是反害於民为暴者也。何以禁之？朕未见其便，其孰计之。"

——《史记·孝文本纪》

及至孝武即位……穷民犯法，酷吏击断，奸轨不胜。于是……条定法令……缓深故[④]之罪，急纵出[⑤]之诛。其

---

①同产：同母所生者。
②帑："孥"异体字，奴隶。帑，音nú。
③悫：忠厚、善良。音què。
④深故：苛刻执法，故意陷人于罪。
⑤纵出：释放罪犯。

后奸猾巧法，转相比况[①]，禁罔寖密[②]……是以郡国承用者駮[③]，或罪同而论异。奸吏因缘为市，所欲活则傅生议，所欲陷则予死比，议者咸冤伤之。

（宣帝）及即尊位，乃下诏曰："夫决狱不当，使有罪兴邪，不辜蒙戮，父子悲恨，朕甚伤之"……时上常幸宣室，斋居而决事，狱刑号为平矣。时涿郡太守郑昌上疏言："立法明刑者，非以为治，救衰乱之起也……若开后嗣，不若删定律令。律令一定，愚民知所避，奸吏无所弄矣"……宣帝未及修正。

（元帝）乃下诏曰："夫法令者，所以抑暴扶弱，欲其难犯而易避也。今律、令烦多而不约，自典文者不能分明，而欲罗元元[④]之不逮，斯岂刑中之意哉！其议律、令可蠲[⑤]除轻减者，条奏，唯在便安万姓而已。"

（成帝）复下诏曰："今大辟[⑥]之刑千有余条，律、令烦多，百有余万言，奇请它比[⑦]，日以益滋，自明习者

①比况：比照。
②罔：同"网"。寖：同"浸"。
③駮：同"驳"。
④元元：百姓。
⑤蠲：免除。音juān。
⑥大辟：死刑。
⑦奇请：在常法之外另行请示治罪。它比：比附他例判案。

不知所由，欲以晓喻众庶，不亦难乎！于以罗元元之民，夭绝亡辜，岂不哀哉……议减死刑及可蠲除约省者，令较然易知，条奏。”

——《汉书·刑法志》

中国人崇尚中道，认为凡事都要把握一个度，做到恰如其分。这与西方思想家亚里士多德“德性是两种恶即过度与不及的中间”这一理念相似。对于法律而言，法律也要把握好度，并非越严密越复杂就越好。《管子·正世》认为，治理百姓不能太严苛，过于严苛，百姓将无所适从，失去安宁的生活。中国自古以来的经验教训证明了这一点。

韩非是中国法家思想的集大成者，他认为法律是治理

韩非

韩非（？—公元前233年），又称韩非子，战国末期韩国人。他将商鞅的“法”、申不害的“术”和慎到的“势”集于一身，使法家思想融合一体。韩非著作颇丰，后人辑录为《韩非子》一书。

国家最为重要的法宝之一。秦王嬴政受韩非影响，用法家思想治理国家，“事皆决于法”，社会秩序趋于稳定，国家迅速富强起来。但在建立统一王朝后，嬴政自称始皇帝，认为古圣先王远不如自己，逐步妄自尊大，把法律当作统治的手段，偏离了法治的本意。他认为用严刑酷法统治百姓，让百姓感到畏惧，就可以达到江山永固的目的，因此设置了众多刑罚，有死刑、肉刑、髡耐刑、笞刑等12种，每种又分为不同等级。秦法的罪罚又极重，仅盗采一片桑叶，偷取一文钱也要处罚；5人以上的团伙盗窃，盗一文钱就要被处断脚刑。在这样的严刑重罚下，百姓感受不到被法律保护的安乐，反而整日生活在恐慌当中，怨念越积越深。很快，农民起义在全国各地爆发，秦王朝迅速灭亡了。

秦灭汉兴，汉朝的建立者汉高祖刘邦吸取了秦朝灭亡的历史教训，命令大臣们为新生国家制定了远比秦朝宽松

汉高祖刘邦

汉高祖刘邦（？—公元前195年），出生平民，秦末拥兵起义，自称沛公。秦灭后与西楚霸王项羽争夺天下。因能知人善任、虚心纳谏得以赢得楚汉之争，建立新王朝。攻破秦朝都城咸阳时曾废除秦朝苛法，与当地百姓约法三章，即杀人者死、伤人及盗抵罪。因法简明而大得人心。

汉文帝

汉文帝（公元前202年—公元前157年），即刘恒，西汉第5位皇帝，在位23年。为人宽和温厚，侍母颇孝，事迹收录在《二十四孝》之中。在位期间轻减刑罚，降低赋税，鼓励生产，开创了“文景之治”。

得多的法律，但仍然有一些苛刻的陈旧法令残留。汉高祖的儿子汉文帝是以仁爱著称的皇帝，他一直对法律中“连坐”的规定耿耿于怀。所谓连坐就是一人犯罪，要同时判罚亲属、邻居与他同罪。汉文帝即位的第一年就召集群臣讨论是否应取消连坐。他认为，法律最根本的属性是公正，法律应当通过制止残暴的行为达到引人向善的目的。但连坐牵连无辜百姓，甚至将罪人妻子儿女收为奴隶，这相当于用不公正的法律残害百姓，与法律的初衷不符。在汉文帝的坚持下，连坐之法最终被取消了。

汉文帝提出了一个关键的问题——制定法律的目的是什么？稍加思考就可以知道，惩罚不是法律的目的，因为法律不是“亲者痛，仇者快”的报复性行为。法律的根本目的是维护社会公正。法律规定了一个社会的行为底线，它告诉百姓不应当做什么，并对“越线”行为进行适当的惩处，以起到警示的作用。对于安分守法的百姓，法律要起到必要的保护作用，让百姓在法律的保护之下安乐地生活。因此法律要有一定的度，超出适宜范围的重法，就像时刻压在百姓肩上的枷锁，这样的法律就没有公正性可言了。

真知总是从不断往复的历史教训中总结出来的，秦王朝灭亡的原因就是错误地把惩罚当成了法律的目的，以为惩罚越严厉，就越能发挥法律的规范作用，但最终因为社会矛盾的不可调和走向了覆灭。汉初执政者及时吸取教训，制定了比较适宜的法律，才让天下人度过了一段安稳的日子。但到汉武帝时期，当时的执政者忽视了这一历史教训，错以为施行重法能够起到更好的治理效果，于是开始研究更加严密、更加苛刻的法律条文。导致当时法令繁多，仅死刑就有409条规定、1882项细则。法律文件堆叠成山，就是专业人士也不能遍览。百姓只要出现违法的“苗头”，就用酷刑迅速打压。执法者不是以维持正义关爱百姓为荣，而是以苛责重罚为能。再加上法令众多，百姓不能熟知，有些奸吏就利用这一点来欺骗百姓。在重压之下，社会秩序徘徊在崩溃的边缘。汉宣帝时，廷吏路温舒察觉到这一隐患，他上奏皇帝，批评执法官把刻薄当作能力，动辄用重刑惩罚百姓的扭曲现象。汉宣帝深感法重

汉武帝

汉武帝（公元前156年—公元前87年），即刘彻，西汉第7位皇帝。汉武帝是中国历史上功勋卓著的皇帝之一，他接受董仲舒“罢黜百家，独尊儒术”的建议使儒家思想正式成为中国的主流政治思想；同时派遣张骞出使西域，开通了丝绸之路；军事方面他长年派兵与匈奴作战，保卫国家边境，扩大了中国版图。但晚年因为穷兵黩武，奢侈无度，刑罚、徭役沉重，导致农民起义。

伤民，于是改用较宽恕的官员主掌刑罚，并专门设置了廷尉平这一官职负责审核案件，确保司法平和，甚至还数次亲自审理案件，平反冤狱。涿郡太守郑昌借机建议直接删减法令，让百姓能够理解掌握，知道如何避免违法，也让奸吏无法玩弄法律，从根本上解决这一问题。可惜宣帝没来得及修正就去世了，直到汉元帝、成帝时，才最终下令删减法律条文，彻底改变了累年积习的弊政。

中国的法治建设生长在一片“沃土”之上，这片沃土就是中国延绵千年的法治历史经验。历史让不同法治举措之间的区别显现得如黑白一般泾渭分明。在这千百年的岁月长河中，浪沙淘尽，中国人得出这样一块历久弥新的“真金”：刑罚应以“恰当”为尚。所谓恰当就是让人足以畏惧惩罚不敢违法，但也不至于滥刑而无从逃避。当代

汉元帝

汉元帝（公元前75年—公元前33年），即刘奭，西汉第11位皇帝，在位16年。汉成帝（公元前51年—公元前7年）即刘骜，西汉第12位皇帝，在位25年。

中国汲取历史养分，在历史镜鉴中总结出“罪刑适应”这一基本原则。所谓“罪刑适应”即是指罚当其罪，犯多大罪就应承担多大的法律责任，就应判处轻重相当的刑罚，重罪不可轻判，轻罪也不可重罚。这一原则被明确记录在《中华人民共和国刑法》第五条当中，这就在制度规定上确保了法律不会因个人的决定而出现时轻时重的现象。只有在这种合宜的法治社会当中，法律才真正是维护公正的武器，而不是擭人性命的枷锁。百姓在这样的法律保护下，才能和谐、安乐地生活。

孔子治狱，先教后罚

历史记载

五月，齐太仓令淳于公有罪当刑，诏狱逮徙系长安……其少女缇萦自伤泣，乃随其父至长安，上书曰："妾父为吏，齐中皆称其廉平，今坐法当刑。妾伤夫死者不可复生，刑者不可复属①，虽复欲改过自新，其道无由也。妾愿没入为官婢，赎父刑罪，使得自新。"书奏天子，天子怜悲其意，乃下诏曰："盖闻有虞氏之时，画衣冠异章服以为僇②，而民不犯。何则？至治也。今法有肉刑三，而奸不止，其咎安在？非乃朕德薄而教不明欤？吾甚自愧。故夫驯道不纯而愚民陷焉……今人有过，教未施而刑加焉？或欲改行为善而道毋由也。朕甚怜之。夫刑至断支③体，刻肌肤，终身不息，何其楚痛而不德也，岂称为民父母之意哉！其除肉刑。"

——《史记·孝文本纪》

---

①属：接续。

②僇：羞辱。音lù。

③支：通"肢"。

孔子为鲁大司寇，有父子讼者，夫子同狴[①]执之，三月不别，其父请止。夫子赦之焉。季孙闻之，不悦，曰："司寇欺余，曩告余曰：'国家必先以孝。'余今戮一不孝以教民孝，不亦可乎？而又赦，何哉？"冉有以告孔子，子喟然叹曰："呜呼！上失其道，而杀其下，非理也。不教以孝而听其狱，是杀不辜……上教之不行，罪不在民故也……既陈道德以先服之，而犹不可，尚贤以劝之。又不可，即废之。又不可，而后以威惮之。若是三年，而百姓正矣。其有邪民不从化者，然后待之以刑，则民咸知罪矣。《诗》云：'天子是毗[②]，俾[③]民不迷。'是以威厉而不试[④]，刑错[⑤]而不用。今世则不然，乱其教，繁其刑，使民迷惑而陷焉，又从而制之，故刑弥繁，而盗不胜也……今世俗之陵迟[⑥]久矣，虽有刑法，民能勿踰乎？"

——《孔子家语·始诛》

---

①狴：代指牢狱。音bì。

②毗：辅助。音pí。

③俾：使。音bǐ。

④试：用。

⑤错：置。

⑥陵迟：败坏。

扁鹊

扁鹊，名秦越人，扁鹊是世人对他的尊称。扁鹊继承、开创了“望闻问切”四诊疗法，奠定了中医诊断学的基础，被称为中医鼻祖。

对于医生而言，患者得了病，医生用精湛的医术帮助患者解脱病苦，是否可以说医生的工作已经做到了极致？战国时期的中医鼻祖扁鹊不这样认为，在他看来，真正高明的医生要懂得如何帮助人不生病。因为人原本是没有疾病的，只是因为生活习惯不健康等原因才导致了疾病的发生，所以医生工作的极致是帮助世人保持健康，从而没有疾病的忧患。同样，法官依法审判，让罪犯受到应有的惩罚，是否就做到了极致？在中国传统法治观念看来，这远不是最好的结果。因为人原本可以通过教育成为善良的人，从而不去犯罪，也不必承受刑罚所带来的痛苦。刑罚诚然在某种程度上是犯罪的终结，但违法行为造成的损失和惩罚带来的伤痛永远都不能挽回。

汉文帝时期还发生了这样一件足以影响中国法治史的大事。齐国的太仓令淳于意因罪被押送都城，将要执行肉刑。他的女儿缇萦一路跟随，想要解救父亲。缇萦来到

有虞氏

有虞氏，中国上古时代部落名，三皇五帝之一帝舜即是有虞氏后裔。

都城后上书汉文帝，禀告说：“我的父亲为官，当地人都称赞他廉洁公允，如今犯法当刑。我伤感于假如人被施肉刑，肢体不能复原，即便后来要改过自新，伤痛也不可挽回。我愿舍身为奴，为父赎罪，请给他一个改过自新的机会。”汉文帝见书大为感动，这件事触动了他，引起了他的反思。在上古有虞氏时，那时的百姓很善良，刑罚也非常简单，只不过是在衣帽上涂色来显示区别，百姓就因为羞耻而不会犯法。现在的刑罚很重，仅肉刑就有3种，可违法行为却屡禁不止。汉文帝认为这是因为教育做得不到位。作为君主要像父母一样关爱百姓，不仅关爱他们的生活也要关爱他们的德性。现如今教育没有做好，百姓不知道如何避免作恶，国家却设置重刑惩罚百姓，等于设下陷阱让百姓来踩一样，是舍本逐末的行为。于是汉文帝下令取消了肉刑。

刑罚和教育似乎是两个领域的事，汉文帝怎么将二者混为一谈了呢？其实在中国古人看来，刑罚和教育虽然形

季孙，姬姓，春秋时鲁国贵族，掌握鲁国实权。

式不同，但二者都是治理国家最重要的手段。刑罚和教育就好比车有两个轮子，鸟有两个翅膀，需要相辅相成才能将国家治理好。因此在中国的治理语境中，提到刑罚就不得不提到教育，提到教育也离不开刑罚。孔子曾对当时鲁国的执政者季孙说："刑和德是实现善治的必由之路，道德教育可以培养善良品性并补益不足；刑罚可以惩治罪恶并禁止后来者效仿。"假如只知道用刑罚而不知道进行道德教育，就如同用火救火一般，对治理无益。秦朝灭亡的历史事实就证明了这一点。

刑罚和教育形式不同，目的不同，施行的先后也不同。孔子在做鲁国主管司法的大司寇时，有一次有父子二人因为纠纷闹到法庭，孔子将他们二人收监到同一间牢狱，不做任何审问。3个月之后，父子二人感到惭愧，请求停止诉讼，孔子就将二人释放了。按照当时的制度，儿子将父亲告上法庭是大不孝的行为，应当给予处罚。孔子的做法让季孙大为不解，他说："先前孔子告诉我治理国

家首先要教导民众孝敬，如今处死一个不孝之子，以儆效尤不是很好吗，为什么把人放了呢？”孔子听说后喟然而叹，因为季孙没有领会自己的本意。在孔子看来，如果执政者没有尽到教育的责任，没有教导百姓行孝，却用孝来苛责，等同于滥杀无辜。治理国家有先后次序，首要的任务是推行道德教育，如果教育的效果不好，再树立榜样勉励百姓，仍不行，再用国家统治力进行威慑。对于那些屡教不改的顽劣之徒，才最终用刑罚来惩罚他。在以前善治的社会，通过这种方法，百姓自然行为端正，刑罚可以搁置不用。

先教后罚是中国最具特色也是最为先进的法治理念，因为教育也好，刑罚也好，这些手段的目的都是期望社会能够和谐。道德教育是第一道防线，它如同春雨润物一般去除百姓的不良习气，使人心向善。刑罚是第二道防线，它用以警示、惩戒，使百姓因为畏惧而迷途知返。但正如针石汤药可以治病，却不能使人不得病。刑罚固然可以惩罚不孝者，却不能使人有孝心；固然能惩罚偷盗者，却不能使人有廉耻心。教育在先，使百姓知道如何防非如何行善，这样不仅百姓自身可以避免牢狱之苦，社会也更容易治理。

中国的政治是负责任的政治，中国的法治是负责任的

尧帝

尧帝，上古时代圣王，三皇五帝之一，被中国历代视为君主的榜样。

法治。尧帝说："天下百姓有罪，罪在我一人之身。"这是一种责任的担当。中国古代圣王看到罪犯伏法，想到的不是犯人罪有应得，而是自己没有做好教育百姓的职责。他们不仅推行更宽和的刑罚来避免苛虐百姓，更是通过道德教育引导百姓向善，使他们永远远离刑罚。这就是中国古人所崇尚的刑期无刑的理想政治境界，也是法律公正性的最高体现。

现如今，中国共产党汲取传统治理文化养分，在中国特色社会主义法治建设中摸索出一条独具特色的道路，就是坚持法治、德治相结合的治理原则。法律是成文的道德，道德是内心的法律。法律有效实施有赖于道德支持，道德践行也离不开法律约束。法治和德治不可分离、不可偏废。用现代的语意来解读，就是法律是一种他律的力量，重强制、重威慑；道德是一种自律的力量，重调节、重劝导。二者之间的结合体现在社会生活、政府管理的方方面面。

党的十八大提出的富强、民主、文明、和谐、自由、平等、公正、法治、爱国、敬业、诚信、友善二十四字社会主义核心价值观，就是融合了政府治理他律和人民道德修养自律的价值方针，并将之贯彻在社会全体当中，形成一股团结、和谐的精神力量。在从小学到大学施行的思想政治教育中，法治观念和道德品行的形成是其中的重要组成部分。中国公民成长在这样的教育环境中，从小就塑造了双重自治能力，耻于违法、羞于为恶。对于那些误入歧途，锒铛入狱的不法分子，中国政府在灌输法律知识的同时，也重视借助道德的力量唤醒他们的自觉良心。自2006年以来，海南省海口监狱将中国优秀传统文化引入监狱教育改造中，通过《论语》《孝经》《弟子规》等经典的教育，帮助服刑人员改过向善，使他们的负面情绪和消极心态得到有效缓解。浪子回头金不换。十几年来，无数服刑人员在道德教育的润泽下，真诚忏悔曾经的过错，立志重新做人。

总而言之，中国作为一个有5000年文明史的文化大国，过去种种人物、故事及其所展现的文化魅力流传千年，汇聚成今日中国的文化样态。可以说，今日中国的种种制度规定，都有着过去的影子。因此，要想读懂当代中国的法律制度，就应当结合古老中国的法治故事进行理解和解读。同时，当代中国对传统文化不是简单的因袭，而是有所继承、保留和革新。在过去文化的基础上，当代中国结合具体国情，衍生出独具特色的中国特色社会主义文化。在过去和当代的文化交融中，中国人精心编织着属于自己的故事，继续谱写一代又一代的治理传奇。

历史名言

1. 所以能制胜于天下者，用法明也。

——三国·诸葛亮《论斩马谡》

2. 虽圣人能生法，不能废法而治国。故虽有明智高行，倍法而治，是废规矩而正方圜。

——《管子·法法》

3. 有法度之制者，不可巧以诈伪；有权衡之称者，不可欺以轻重；有寻丈之数者，不可差以长短。

——《管子·明法》

4. 法分明则贤不得夺不肖，强不得侵弱，众不得暴寡。

——《韩非子·守道》

5. 国无常强，无常弱。奉法者强，则国强，奉法者弱，则国弱。

——《韩非子·有度》

6. 吏明知民知法令也，故吏不敢以非法遇民，民不敢犯法以干法官也。

——《商君书·定分》

7. 盖天下之事，不难于立法，而难于法之必行。

——明·张居正《请稽查章奏随事考成以修时政疏》

8. 诛不避贵，赏不遗贱。举事不私，听狱不阿。

——《晏子春秋·问上》

9. 法者天下之仪也，所以决疑而明是非也，百姓所县命也。故明王慎之，不为亲戚故贵易其法。

——《管子·禁藏》

10. 法大行，则是为公是，非为公非。

——唐·刘禹锡《天论》

11. 夫刑赏之本，在乎劝善而惩恶，帝王之所以与天下为画一，不以贵贱亲疏而轻重者也。

——《贞观政要·刑法》

12. 法行于贱而屈于贵，天下将不服。

——北宋·苏辙《上皇帝书》

13. 法者，天子所与天下公共也。

——《史记·张释之冯唐列传》

14. 所谓壹刑者，刑无等级，自卿相将军以至大夫庶人，有不从王令、犯国禁、乱上制者，罪死不赦。

——《商君书·赏刑》

15. 法之不行，自上犯之。

——《史记·尚君列传》

16. 刑过不辟大臣，赏善不遗匹夫。

——《韩非子·有度》

17. 夫奉圣典者若操刀执绳，刀妄加则伤物，绳妄弹则侵直。

——《晋书·刑法志》

18. 法所当加，虽贵近不宥；事有所枉，虽疏贱必申。

——明·张居正《陈六事疏》

19. 私情行而公法毁。

——《管子·八观》

20. 为人上者释法而行私，则人臣者援私以为公。

——《管子·君臣上》

21. 知为吏者，奉法利民，不知为吏者，枉法以侵民。

——《说苑·政理》

22. 有法而行私，谓之不法。

——《慎子·威德》

23. 夫立法令者以废私也，法令行而私道废矣。

——《韩非子·诡使》

24. 不可假公法以报私仇，不可假公法以报私德。

——《从政遗规·薛文清公要语》

25. 夫治之法，莫大于使私不行。

——《邓析子·转辞》

26. 先王之治国也，不淫意于法之外，不为惠于法之内也。

——《管子·明法》

27. 君好法，则臣以法事君；君好言，则臣以言事君。君好法，则端直之士在前；君好言，则毁誉之臣在侧。

——《商君书·修权》

28. 论罪者务本其心，审其情，精其事，近取诸身，远取诸物，然后乃可以正刑。

——《晋书·刑法志》

29. 以至详之法晓天下，使天下明知其所避。

——北宋·苏轼《御试重巽申命论》

30. 喜不可从有罪，怒不可杀无辜。

——三国·诸葛亮《便宜十六策·喜怒》

31. 徒善不足以为政，徒法不能以自行。

——《孟子·离娄章句上》

32. 罪疑惟轻，功疑惟重。与其杀不辜，宁失不经。

——《尚书·大禹谟》

33. 法施于人，虽小必慎。号令不虚出，赏罚不滥行。

——北宋·欧阳修《准诏言事上书》

34. 夫立法之大要，必令善人劝其德而乐其政，邪人痛其祸而悔其行。

——《潜夫论·断讼》

35. 驱天下之人而从善远罪，是刑之所以措，而化之所以成也。

——唐·柳宗元《断刑论》

36. 令烦则民诈，政扰则民不定。

——《邓析子·无厚》

37. 赏不欲僭，刑不欲滥。赏僭则利及小人，刑滥则害及君子。

——《荀子·致士》

38. 教，政之本也；狱，政之末也。其事异域，其用一也，不可以不相顺，故君子重之也。

——《春秋繁露·精华》

39. 立法者，非以司民短而诛过误也，乃以防奸恶而救祸患，检淫邪而内正道。

——《贞观政要·论公平》

40. 法令者，人主之大柄，而国家治乱安危之所系焉，不可不慎。

——北宋·包拯《上殿札子》

图书在版编目（CIP）数据

法不阿贵，绳不挠曲：中国制度中的法治观念 / 黄少雄编著 . — 北京：
外文出版社，2021.12
（读懂中国制度）
ISBN 978-7-119-12923-5

I. ①法… II. ①黄… III. ①法制史－中国－通俗读物
IV. ① D929-49

中国版本图书馆 CIP 数据核字 (2021) 第 242196 号

出版指导：胡开敏　杨春燕
丛书顾问：魏礼群
丛书主编：刘余莉
责任编辑：曹　芸
插图绘制：陈晓东
封面设计：北京夙焉图文设计工作室
印刷监制：秦　蒙

法不阿贵，绳不挠曲

中国制度中的法治观念

黄少雄　编著

出 版 人：胡开敏
出版发行：外文出版社有限责任公司
地　　址：北京市西城区百万庄大街 24 号　邮政编码：100037
网　　址：http://www.flp.com.cn　电子邮箱：flp@cipg.org.cn
电　　话：008610-68320579（总编室）　008610-68996144（编辑部）
　　　　　008610-68995852（发行部）　008610-68996183（投稿电话）
制　　版：北京红十月图文设计有限公司
印　　刷：北京侨友印刷有限公司
经　　销：新华书店 / 外文书店
开　　本：889 × 1194mm　1/32
字　　数：101.2 千字　印　　张：5.625
印　　次：2022 年 2 月第 1 版第 1 次印刷
书　　号：ISBN 978-7-119-12923-5
定　　价：45.00 元